DVDで学ぶ日本語

エリンが挑戦！ にほんごできます。

vol.3

JAPANFOUNDATION　国際交流基金

みなさんへ

この教材は、若い学習者のためのDVD教材です。

教材の中心は、スキット（学習のための短いドラマ）です。主人公エリンは、自分の国で、少し日本語を勉強しました。そして、日本の高校に留学します。高校やホームステイの家、町の中などで、日本語を使います。はじめは、自信がありませんでしたが、毎回、「日本語でできる」ことが、1つずつふえます。そして、だんだん、自信を持って、日本語を話すことができるようになります。みなさんも、この教材で、エリンといっしょに、日本語の自信をつけてください。

また、この教材では、日本の生活や文化も、たくさん勉強できます。楽しい映像がたくさん入っています。新しい日本の生活もわかります。むかしからの日本の習慣もわかります。スキットや、ほかのコーナーの映像を見て、いろいろな日本を発見してください。そして、考えてください。みなさんや、みなさんの国と、どこがちがいますか。どこが同じですか。どこがおもしろいですか。どうしてでしょうか。自分の考えを、友だちやまわりの人と話してください。

みなさんが、この教材で、日本語の勉強を「楽しい！」「おもしろい！」と思ってくださったらうれしいです。そして、もっと日本や日本人を好きになってくださったら、とてもうれしいです。

国際交流基金

目　次
もく　じ

DISC1

第 17 課　　はんたいのことを言う　　－授業－ ・・・・・・・・・・・・・・・・・・・・・・・・・・・・・・・・ 1
だい　　か　　　　　　　　　　　　　　　　　い　　　　じゅぎょう

第 18 課　　くらべて言う　　－100 円ショップ－ ・・・・・・・・・・・・・・・・・・・・ 27
だい　　か　　　　　　　　　　　い　　　　　　　　えん

この教材の説明
きょうざい　せつめい

1．教材の全体構成
きょうざい　ぜんたいこうせい

第1巻　第1課〜第8課（全8課）　　　　　【DVD 1枚、テキスト1冊】
だい かん　だい か だい か ぜん か　　　　　　　　まい　　　　　　さつ
第2巻　第9課〜第16課（全8課）　　　　【DVD 1枚、テキスト1冊】
だい かん　だい か だい か ぜん か　　　　　　　　まい　　　　　　さつ
第3巻　第17課〜第25課（全9課）・「日本の高校生」
だい かん　だい か だい か ぜん か　　　　にほん　こうこうせい
　　　　【DVD 2枚（DISC1 第17〜21課、DISC2 第22〜25課・日本の高校生）、テキスト1冊】
　　　　　　まい　　　　　　だい　　　か　　　　だい　　　か にほん　こうこうせい　　　　　　さつ

このテキストは、第3巻のテキストです。
だい かん

2．各課のタイトル
かくか

全体のタイトルは、つぎのとおりです。
ぜんたい

タイトル①は「日本語でできる」ようになることです。
にほんご
タイトル②は場面やトピックです。
ばめん

	課か	タイトル① （日本語でできるようになること） にほんご	タイトル② （場面やトピック） ばめん
第1巻 だい かん	1	はじめてのあいさつ	教室 きょうしつ
	2	おねがいする	学校 がっこう
	3	ものをさす	家 いえ
	4	場所をきく ばしょ	コンビニ
	5	時間を言う じかん い	塾 じゅく
	6	ねだんをきく	バス
	7	しゅみを話す はな	友だちのへや とも
	8	注文する ちゅうもん	ファーストフード
第2巻 だい かん	9	今のことを話す いま はな	習い事 なら ごと
	10	きょかをもらう	ファッション
	11	じゅんばんを言う い	温泉 おんせん
	12	友だちと話す とも はな	部活 ぶかつ
	13	やり方をきく かた	駅 えき
	14	よそうを言う い	携帯電話 けいたいでんわ
	15	きぼうを言う い	祭り まつ
	16	説明する せつめい	けが・病気 びょうき

	17	はんたいのことを言う	授業
第3巻	18	くらべて言う	100円ショップ
	19	理由を話す	アルバイト
	20	けいけんを話す	修学旅行
	21	きそくをきく	余暇
	22	こまったことを話す	トラブル
	23	友だちをさそう	遊園地
	24	へんかを言う	文化祭
	25	気持ちをつたえる	別れ
	オプション		日本の高校生（10名）

3．各課の内容

1．オープニング

2－1．基本スキット（字幕付）
　留学生のエリンが、学校や日常生活の中で、日本語を使って、いろいろなことに挑戦します。

2－2．CAN-DOのための大切な表現（説明と練習）
　DVDでは、CGキャラクターのホニゴン先生が教えて、エリンが勉強します。
テキストには、練習問題があります。

3．基本スキット2回目（字幕付）
　基本スキットがもう一度入っています。
（ときどき、少し短くなっています。）

4．いろいろな使い方
　各課の大切な表現を、いろいろな日本人が、いろいろな場面で、実際に使っています。

5．これは何？
　各課の場面やトピックに関連するおもしろいものを紹介します。

6．応用スキット（字幕付）
　エリンの同級生たち（日本人）の会話です。
会話のことばやはやさは、ふつうの日本人の会話とだいたい同じです。

7．応用スキット2回目（字幕付）
　応用スキットがもう一度入っています。
　（ときどき、少し短くなっています。）

8．やってみよう
　各課の場面やトピックに関連する日本のいろいろなことに挑戦します。
　みなさんも、どうぞやってみてください。

9．見てみよう
　各課の場面やトピックに関連する日本のいろいろなものを紹介します。
　気づいたことを、まわりの人と話してください。

10．世界に広がる日本語
　世界のいろいろな国で、いろいろな人が日本語を勉強したり仕事で使ったり
しています。
　その「日本語の仲間」のようすを見てください。

11．（第3巻オプション）日本の高校生
　日本人の高校生10人を紹介します。
　高校生は、ふつうのことばとはやさで話します。

・・・・・・・・・・・・・・・・・・・・

12．ことばをふやそう（テキストだけ）
　各課の場面やトピックに関連することばのイラストです。

＊テキストでは、「やってみよう」「世界に広がる日本語」などのコーナーの
　文字に（　）や□がついています。
　（　）はまちがっている発話（音）や、特別な話しことばです。
　　□　は正しく直した文字（映像では言っていない）です。

この教材を授業でお使いになる先生方へ

　この教材は、主に若い学習者を対象にした素材提供型の映像教材で、「語学学習」と「異文化・多文化の理解」という2つの柱を持っています。はじめから順番に日本語を勉強する主教材ではなく、いろいろな国のいろいろなカリキュラムで学習している学習者に、それぞれの興味や関心に合わせて見てもらい、日本語学習と日本文化への興味を更に高めてもらうことを一番の目的としています。したがって、授業で先生方が使われる場合も、現場に合わせて柔軟に利用していただきたいと考えています。この教材の特徴は、以下の5つです。

特徴1. 「日本語でできる」という勇気と自信を持たせる

　語学学習については、「CAN-DO」のシラバスを用いています。この教材は、「日本語の文型を正確に覚えて言えるようにする」教材ではありません。学習者には、基本スキットや表現の練習を見て、主人公の留学生に自分を重ね、現在勉強している（または、すでに勉強した）日本語を使ったら、本当に日本で生活したり楽しんだりすることができるのだという自信を持ってほしいと考えています。

特徴2. 実際に使われている本物に近いことばを重視する

　これまでの日本語教材や日本語の授業では、どうしても学習者に合わせた発話スピードや語彙のコントロールをすることが多くありました。しかし、その結果、たとえば、来日した留学生が、自分が学習した日本語と実際の日本語のギャップにとまどったり、教室で日本語を習った学習者が、なかなか日本人の友だちと自然な会話ができなかったりすることもありました。この教材では、できるだけ、実際に使われている本物の日本語を語彙の面からもスピードの面からもこわさないように留意しました。特に若い世代の言葉については、実際の高校生にも意見を聞きながら制作しました。

特徴3. 若い世代が興味を持つ場面やトピックを扱う

　この教材の制作にあたっては、海外11か国の高校生やその教師からアンケートを行い、彼らの興味や映像へのニーズを調査しました。教材で取り上げた場面やトピックは、その調査結果に基づいています。日本語の教科書では伝統的な日本が紹介されることが多く、それに強い関心を持つ学習者もいます。一方、マスメディアやインターネットを通して現代の日本の情報をたくさん得ていて、それに興味を持つ人もいます。この教材では、このような多様な日本を、できるだけ幅広く扱うようにしました。

特徴４．異文化・多文化についての視野を広げられるような映像を提供する

　特徴３．にも書いたように、映像では、現在の日本をできるだけそのまま、様々な側面から伝えることを重視しました。学習者には、すべてのコーナーから、日本のいろいろな部分に気づいたり発見したりする見方をしてもらいたいと考えています。先生方にも、できるだけ、学習者の国との単純な事象や習慣の違いだけに注目させるのではなく、学習者といっしょに共通点を見出したり、違いの背景にある社会や人について考えたり話し合ったりすることができるような見せ方、扱い方をしていただきたいと願っています。

特徴５．１つ１つのコーナーを短い時間にする

　ここまで書いてきたように、この教材は日本語学習や文化学習のための素材です。そのため、授業で使われる場合でも、いろいろなレベルのいろいろな授業で、先生方のアイディアによって利用できるよう、各コーナーを数分以内の短いものでまとめました。どのコーナーをどこからどの順番で、授業のどんな部分で使っていただいてもいいと思います。ぜひ、ご自身の授業を活性化するために、この教材をご活用ください。

＜漢字について＞

　DVDやテキストでは、「日本語能力試験出題基準」の３級や４級の漢字が入っていることばを漢字にしました。（日本語能力試験については http://momo.jpf.go.jp/jlpt/home.html をごらんください。）

　しかし、２級以上の漢字のことばでも、若い学習者（特に高校生）の日常生活でよく見る漢字については、漢字を用いました。学習者には、日本の生活でよく見る漢字は、意味するものがわかる、という程度に理解してほしいと考えていて、書けることまで期待しているわけではありません。教材全体の「日本をできるだけありのまま伝える」という姿勢から、一般の初級にしては漢字を多めに入れました。

　また、DVDの同録（発話をそのまま文字化した部分）では、画面の都合で、少し多く漢字を使っています。

For teachers using this material in class

This DVD teaching material mainly targets young students and is a resource to foster learning in two fundamental areas, "language study" and "understanding of different/ multiple cultures." The material is not intended as main Japanese-language study material to be followed in order from the beginning; rather, it is for students following various curriculums in different countries to review as desired in order to increase their interest in studying Japanese and Japanese culture. Therefore, when using the material in class, teachers should be flexible and take the character of each class into account. In broad terms, the material has the following five characteristics.

Characteristic 1. Gives students the courage and self-confidence of "I can do it in Japanese"

A "CAN-DO" syllabus is used for the language study portion. This teaching material is not designed to "accurately memorize and say Japanese sentence patterns." Instead, we hope students will gain self-confidence about living and enjoying life in Japan by using the Japanese they are studying (or have already learned) when seeing basic skits and expression practice and identifying with the main character, an international student.

Characteristic 2. Prioritizes real-life language

The speed of speech and vocabulary of existing Japanese-language teaching materials and classes tend to be designed to accommodate students. This, however, results in confusion and communication barriers among international students coming to Japan, such as facing a gap between the Japanese they have studied and actual Japanese as well as "classroom Japanese" not lending itself to natural conversation with Japanese friends. In this teaching material, the vocabulary and speed of Japanese in actual use has been closely maintained to the degree possible. Production also benefited from the input of senior high school students on the language of the young generation.

Characteristic 3. Takes up scenes and topics of interest to the young generation

For the production of this teaching material, a questionnaire survey on interest and need for visual images was conducted with senior high school students and teachers in 11 countries abroad. Scenes and topics in the material are based on survey results. Japanese-language textbooks often present traditional elements of Japan, which some students are very interested in. Conversely, other students are interested in modern aspects of Japanese life, and obtain information about that through the mass media and the Internet. The material has covered the various facets of Japan as far as possible.

Characteristic 4. Provides visual images to broaden perspectives of different/multiple cultures

As mentioned in Characteristic 3, communicating Japan as it is today to the degree possible is the focus of visual images. We hope students discover different aspects of Japan in every section. Rather than simply directing students to focus on the differences in events and customs from their countries, it is up to teachers to use the material to best advantage when joining students in looking for elements in common with students' countries or discussing society and people as the backdrop for differences.

Characteristic 5. Short timeframe of individual sections

As previously mentioned, this teaching material is a resource for the study of Japanese language and culture. Therefore, each section is short, lasting at most several minutes, so that sections can be used with various classes at different levels as teachers see fit. Which section to show, the order, and when to show the material is completely open. Please make active use of this teaching material to enliven your classes.

<Regarding kanji characters>

The DVD and text use kanji characters for kanji words in Levels 3 and 4 of the "Japanese-Language Proficiency Test". (Please refer to http://momo.jpf.go.jp/jlpt/home.html)

Kanji is also used for certain words in Level 2 or higher of the above test when words are often seen in kanji in the everyday life of young students (especially senior high school students). The use of kanji for these words is based on the hope that students will come to understand the meanings of kanji commonly seen in Japanese life, and does not presume that students be able to write them. The philosophy of this material—"communicate Japan as it stands today as much as possible"—mandates use of more kanji than is common in other teaching materials for beginners.

Moreover, the simultaneously recorded portion of the DVD (with full subtitling for speech) uses more kanji due to space limitations.

Aos professores que utilizarão este material didático nas aulas

Este material didático audiovisual, estruturado visando abordar dois temas principais - o "Estudo do Idioma" e a "Compreensão das Diferentes Culturas e do Multiculturalismo" - é destinado principalmente aos jovens estudantes. Este não é um material para ser utilizado como sendo o principal, a partir do início e seguindo a sua seqüência. Ele tem como objetivo principal despertar ainda mais o interesse pela cultura japonesa e pelos estudos da língua japonesa dos estudantes de vários países que estudam com conteúdos curriculares variados, ao ser utilizado de acordo com o interesse deles. Conseqüentementc, a idéia é de que ao utilizá-lo nas aulas, os professores o façam de forma flexível e de acordo com a realidade de suas aulas. As características deste material didático são as seguintes:

Característica 1: Incentivar e dar confiança ao estudante para usufruir o idioma japonês

Em relação ao estudo do idioma, o conteúdo é baseado no syllabus "CAN-DO". Este não é um material didático que tem como objetivo o aprendizado da fala da língua japonesa de forma estruturalizada e centrada na gramática. Através do Diálogo Básico e da prática das expressões, pretende-se que o estudante se coloque no lugar da protagonista que é uma estudante estrangeira e tenha plena confiança para viver e desfrutar a vida no Japão com o japonês que está estudando (ou que já estudou).

Característica 2: Dar importância à utilização da língua em situações reais e atuais

Até hoje, em muitos materiais didáticos e nas aulas de japonês, os professores são forçados a controlar a velocidade da fala e a limitar o vocabulário para ajustar aos estudantes. Conseqüentemente, existem vários casos de estudantes estrangeiros que vieram ao Japão e sentiram a diferença entre o japonês aprendido em seu país e o que realmente se fala no Japão, ou de estudantes que aprenderam japonês em sala de aula e sentiram dificuldade em conversar naturalmente com seus amigos japoneses. Para que isto não ocorra, procurou-se, na medida do possível, não se distanciar da língua realmente falada no Japão, tanto em relação ao vocabulário atual, quanto à velocidade da fala. Principalmente, quanto ao vocabulário dos atuais jovens japoneses, ouvimos a opinião dos alunos do ensino médio do Japão para elaboração deste material.

Característica 3: Utilização de situações e tópicos que despertam interesse nos jovens

Para a elaboração deste material didático, foi enviado um questionário aos alunos e aos professores de ensino médio de 11 países, com o objetivo de investigar os temas e as imagens que possibilitam despertar maior interesse nos estudantes. As situações e os tópicos adotados no material foram baseados nos resultados obtidos nesta investigação. O material didático do Japão, na maior parte, faz a apresentação do Japão tradicional, pelo qual os estudantes têm grande atração. Por outro lado, há pessoas que se interessam pelas informações relacionadas ao Japão moderno, encontradas abundantemente nos meios de comunicação como a internet. Este material didático, foi elaborado fazendo o máximo possível para apresentar amplamente os diversos apectos do Japão.

Característica 4: Oferecer a possibilidade de ampliar a visão relacionada às diferentes culturas e ao multiculturalismo

Como mencionado no item anterior, procuramos transmitir, na medida do possível, o Japão atual a partir de diferentes pontos de vista. O intuito é de que os estudantes percebam e descubram vários aspectos do Japão através de todos os tópicos. Solicitamos aos professores que, se possível, não concentrem as atenções apenas nas simples diferenças de fatos e costumes entre o Japão e o país do estudante, mas mostrem e usem este material de modo que possam descobrir juntamente com eles os pontos em comum entre os dois países, e que possam refletir e discutir sobre a sociedade e as pessoas que se encontram por trás dessas diferenças.

Característica 5: Cada tópico com curta duração

Este material didático, conforme descrito acima, é um material para aprender o idioma e a cultura japonesa. Desse modo, cada tópico leva poucos minutos para que, mesmo em sala de aula, possam ser aproveitados dependendo da idéia de cada professor em diferentes aulas de diferentes níveis. Ele pode ser usado a partir de qualquer parte, em qualquer ordem ou em qualquer hora da aula, conforme o desejo do professor.
Não deixe de utilizar este material didático para dinamizar a sua aula.

Sobre os ideogramas (kanji)

No DVD e no texto, foram utilizados os ideogramas (kanji) dos níveis 3 e 4, padronizados de acordo com o "Exame de Proficiência em Língua Japonesa".
(Acesse o site: http://momo.jpf.go.jp/jlpt/home.html)

Ainda, foram utilizados ideogramas correspondentes a um nível superior ao nível 2 do exame de proficiência nos casos de ideogramas freqüentemente utilizados no cotidiano dos jovens estudantes (principalmente do ensino médio).

O objetivo do material não é fazer com que os estudantes cheguem a escrever os ideogramas, mas que compreendam o significado dos mais utilizados no cotidiano do Japão. Foi utilizado um grande número de ideogramas se comparado com o nível normalmente conhecido como básico, visando "transmitir, na medida do possível, o Japão como ele realmente é".

Em relação às legendas do DVD (diálogos transcritos do modo como foram falados), devido à limitação das imagens, houve a necessidade de se utilizar alguns ideogramas a mais.

본 교재를 수업에서 사용하실 선생님들께

본 교재는 주로 젊은 세대 학습자를 대상으로 하고 있으며, '어학 학습' 및 '이(異)문화/다(多)문화 이해'를 두 주축으로 한 소재 제공형 영상 교재입니다. 본 교재는 처음부터 차례대로 일본어를 학습하는 주교재가 아니며, 각국의 다양한 커리큘럼하에서 학습하고 있는 학습자들에게 각자의 흥미와 관심에 따라 시청하게 함으로써, 일본어 학습과 일본 문화에 대한 흥미를 한층 더 고양시킬 것을 최대의 목적으로 삼고 있습니다. 따라서 선생님들께서 수업 시간에 사용하실 때도 각기 현장의 상황에 맞춰서 유연하게 활용해 주셨으면 합니다. 본 교재의 특징은 아래의 다섯 가지입니다.

특징 1. '일본어로 무엇인가를 할 수 있다'는 용기와 자신감을 느끼게 한다.

어학 학습에 관해서는 'CAN-DO'의 교수 요목을 사용했습니다. 본 교재는 '일본어 문형을 정확하게 외워서 말할 수 있게 하기 위한' 교재가 아닙니다. 학습자가 '기본 스킷(촌극)과 표현 연습을 보면서 주인공 유학생과 자신을 오버랩시키며 현재 학습하고 있는(또는 이미 학습한) 일본어를 사용하면, 실제로 일본에서 생활하고 즐길 수 있다'라는 자신감을 느끼게 되기를 기대하고 있습니다.

특징 2. 실제로 사용되고 있는 생생한 일본어를 중요시했다.

종전의 일본어 교재와 일본어 수업에서는 학습자의 수준에 맞추어서 대화의 속도와 어휘를 조절하는 경우가 많았습니다. 그러나 그 결과 예를 들면 일본을 방문한 외국인 유학생들이 자신이 배운 일본어와 실제 일본어의 격차에 당혹해하기도 하고, 또 교실에서만 일본어를 공부한 학습자가 일본인 친구들과 자연스럽게 회화를 할 수 없는 등의 경우가 있었습니다. 본 교재에서는 가능한 한 실제로 사용되고 있는 생생한 일본어를 어휘 면에서나 속도 면에서 훼손시키지 않도록 유의하였습니다. 특히 젊은 세대의 말에 관해서는 실제 고등 학생들의 의견을 수렴하면서 제작했습니다.

특징 3. 젊은 세대가 흥미를 느끼는 장면과 토픽을 선택했다

본 교재 제작에 즈음하여 해외 11개국의 고등학교에서 학생과 교사들을 대상으로 앙케이트 조사를 실시하여 그들의 관심사와 영상에 대한 수요를 조사했습니다. 일본어 교과서에서는 전통적 일본을 소개하는 경우가 많고 이에 강한 관심을 갖는 학습자도 있습니다. 반면에 언론 매체나 인터넷을 통하여 현대 일본에 관한 다량의 정보를 얻고 있으며 이에 흥미를 느끼는 사람도 있습니다. 본 교재에서는 이와 같은 다양한 일본을 가능한 한 폭 넓게 다루도록 하였습니다.

특징 4. 이문화 / 다문화에 대한 시야를 넓힐 수 있는 영상을 제공했다.

3. 에서도 언급하였듯이 영상은 지금의 일본을 가급적 있는 그대로 다양한 측면에서 전달한다는 점을 중시했습니다. 학습자들이 교재의 모든 코너에서 일본의 다양한 부분을 느끼고 발견하고자 하는 자세로 시청해 주시기를 기대하고 있습니다. 선생님들께서도 한국과 일본의 단순한 현상의 차이, 습관의 차이에만 주목하게 하는 것이 아니라, 학습자와 함께 공통점을 발견하고, 차이의 이면에 존재하는 사회와 사람들에 대해 함께 생각하고 대화할 수 있는 시청 방법, 활용 방법을 모색해 주시기를 부탁 드립니다.

특징 5. 하나 하나의 코너를 짤막하게

이상 설명드렸듯이 본 교재는 일본어 학습과 문화 학습을 위한 소재입니다. 따라서 수업 시간에 사용하실 때도 다양한 수준의 다양한 수업에서 교사분들의 아이디어에 따라 이용이 가능하도록 각 코너를 몇 분 이내의 짧은 길이로 제작하였습니다. 어떤 코너를 어디서부터 어떤 순서로 수업의 어느 단계에서 이용하셔도 활용이 가능하도록 꾸몄습니다. 아무쪼록 선생님들의 수업 활성화를 위하여 본 교재를 활용해 주시기 바랍니다.

< 한자에 관하여 >

DVD와 텍스트에서는 일본어 능력시험을 기준으로 3급과 4급 한자를 포함하는 단어를 한자로 표기했습니다.
(http://momo.jpf.go.jp/jlpt/home.html 를 참조하시기 바랍니다.)

그러나 학생들 (특히 고등 학생) 의 일상 생활에서 자주 접하는 한자어에 관해서는 2급 이상의 한자어라도 그대로 한자를 사용해서 표기했습니다. 학습자들에게 '한자를 쓸 수 있는 수준' 까지는 기대하지 않으며, 일본 생활에서 자주 보게 되는 한자는 의미를 아는 정도로만 이해하기를 바라고 있습니다. '가능한 한 있는 그대로의 일본을 전달한다' 라는 교재 전체의 자세에 따라, 일반 초급 교재에 비하면 다소 넉넉하게 한자를 사용했습니다.

또한 DVD의 동시녹화 (대화를 그대로 문자화한 부분) 에서는 화면 사정상 다소 한자를 많이 사용했습니다.

致使用本教材授课的诸位老师:

本教材以年轻学生为主要对象,是以"学习语言"、"理解异国文化、多种文化"这两大目标为特征的素材提供型影像教材。根据在各个国家各种教育课程学习中的学生各自的爱好,进一步提高他们对日语学习及日本文化的兴趣,是本教材的最大目的。本教材并不是供从头开始循序渐进学习日语的主教材,因此,老师可以根据现场的情况灵活机动地使用。本教材具有以下 5 个特征。

特征1. 提高"能用日语"的勇气和信心

有关语言学习,采用了"CAN-DO"方式的教材提纲。本教材目的不是使学生"能正确记住并说出日语的句型",而是通过让学生看基本短剧及表达方式练习的场景,假设学生自己就是剧中主人公的留学生,使他们相信只要使用正在学习(或已经学过)的日语,就一定会顺利地融入日本社会、享受日本生活。

特征2. 重视实际使用接近现实生活的语言

至今为止,日语教材和日语课大多会根据学生的情况控制语速及词汇。而这样做会出现此种情况,如到日本留学的学生会对自己所学的日语和实际日语的偏差感到不知所措,或是在教室学过日语的学生却难以和日本人朋友自然地交谈。本教材尽可能注意保留实际使用的真实日语的词汇及语速。特别是对年轻人语言的制作,还实际听取了高中生的意见。

特征3. 收录了年轻人感兴趣的场景及话题

制作本教材时,对国外 11 个国家的高中生及教师进行了问卷调查,调查他们的兴趣和其对影像的需求,并根据该调查结果确定教材收录的场景及话题。有些学生对日语教科书上介绍的传统日本感兴趣,也有些学生喜欢多媒体及互联网上看到的现代日本,因此本教材尽可能地收录了丰富的内容来反映多样化的日本。

特征4. 提供有利于开拓有关异国文化、多种文化视野的影像

特征 3 中也提到,在影像上,重视从各个侧面尽可能不加修饰地反映现在日本的情况。老师可以让学生在各个专题上观察并发现日本的方方面面。在演示、利用本教材时,不仅仅停留于让学生注意到和自己国家在单纯现象上以及习惯上的差异,还可以引导学生一起找出相同点,或对造成上述差异的背景进行思考和讨论。

特征5. 缩短每个小节的时间

如上所述,本教材是学习日语及文化的素材。因此,为了便于老师根据自己的想法在各

种水平的各种课堂上使用，我们把各个小节汇集在较短的几分钟以内。老师可以在课堂的任何时间、以任何顺序、利用任何小节的任何部分。敬请各位老师使用本教材来活跃自己的课堂。

＜关于汉字＞

在 DVD 和课本上，含有日语能力测试 3 级、4 级汉字的词汇采用汉字形式进行表达。（请参见 http://momo.jpf.go.jp/jlpt/home.html）

另外，即使是 2 级以上的汉字词汇，只要是年轻学生（特别是高中生）在日常生活中常见的汉字，也采用了汉字形式。我们不奢望学生能书写这些汉字，但希望他们理解这些生活中常见汉字的意思。基于本教材贯穿始终的"尽可能不加修饰地反映日本"这一立场，我们对汉字采用了上述的方式。这样，对一般初级者而言，汉字的使用较多了一些。

另外，在 DVD 的同步录音（把对话直接文字化的部分）方面，由于画面尺寸的原因稍多地采用了汉字形式。

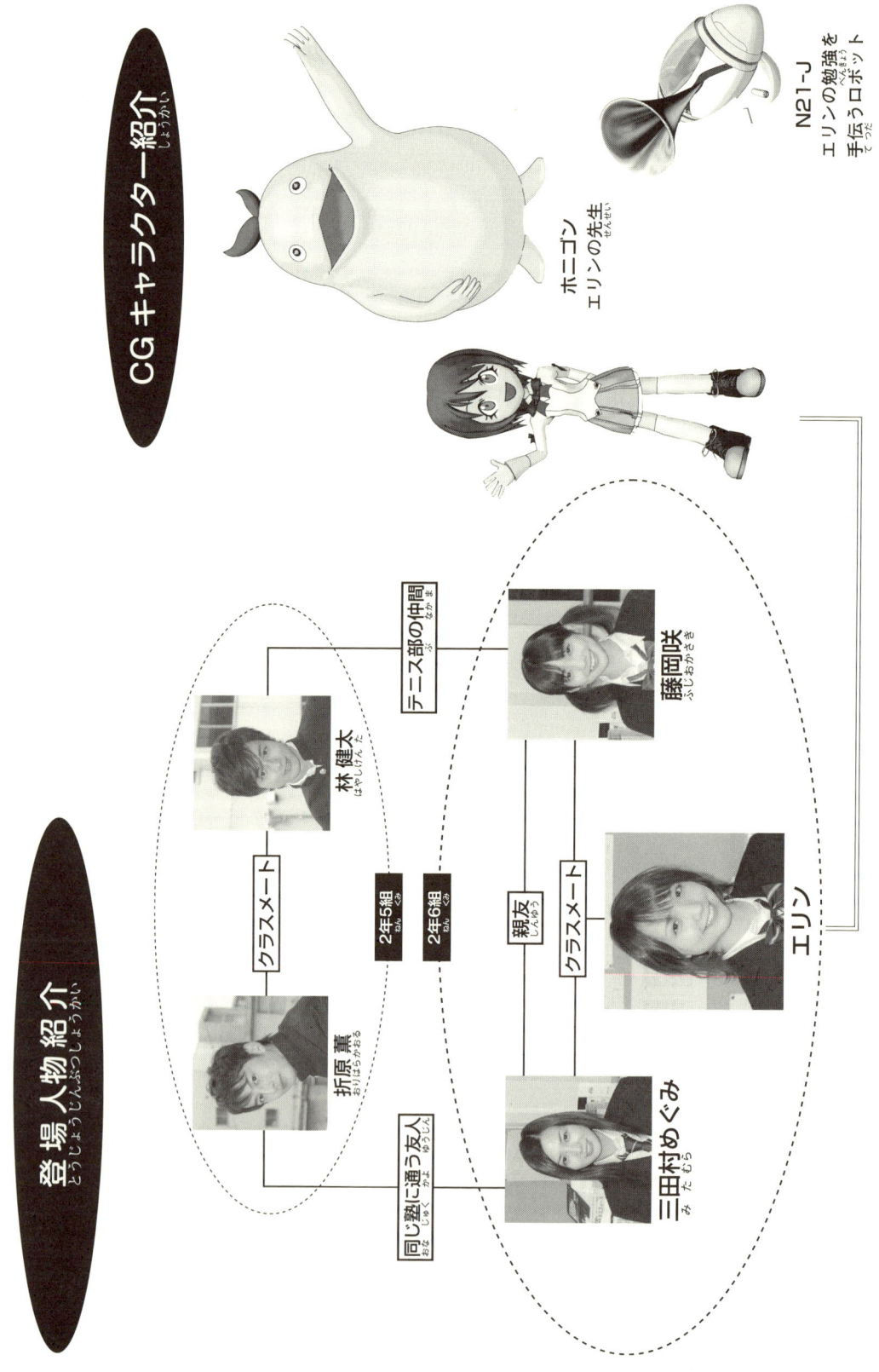

CG キャラクター紹介
とうじょうじんぶつしょうかい

ホニゴン
エリンの先生
せんせい

N21-J
エリンの勉強を
べんきょう
手伝うロボット
てつだ

登場人物紹介
とうじょうじんぶつしょうかい

林 健太
はやしけんた

折原 薫
おりはらかおる

クラスメート

2年5組
ねん くみ

2年6組
ねん くみ

テニス部の仲間
ぶ なかま

藤岡咲
ふじおかさき

親友
しんゆう

クラスメート

三田村ぐみ
みたむら

同じ塾に通う友人
おな じゅく かよ ゆうじん

エリン

xxii

DVD の使い方（つかいかた）

「基本スキット」「応用スキット」の字幕の言語をえらびます。
（きほん）（おうよう）（じまく）（げんご）

NTSC は、日本語・英語・ハングル・
（にほんご）（えいご）
ポルトガル語・中国語があります。
（ご）（ちゅうごくご）
PAL は、日本語・英語・中国語があります。
（にほんご）（えいご）（ちゅうごくご）

「課をみる」で、課をえらびます。
（か）（か）

その課を全部見ます。
（か）（ぜんぶ）（み）

その課の１つのコーナーだけ見ます。
（か）（ひと）（み）

「コーナーを見る」で、１つのコーナーだけ続けて見ることができます。
（み）（ひと）（つづ）（み）
DISC1 は 17 課から 21 課まで、DISC2 は 22 課から 25 課までです。
（か）（か）（か）（か）

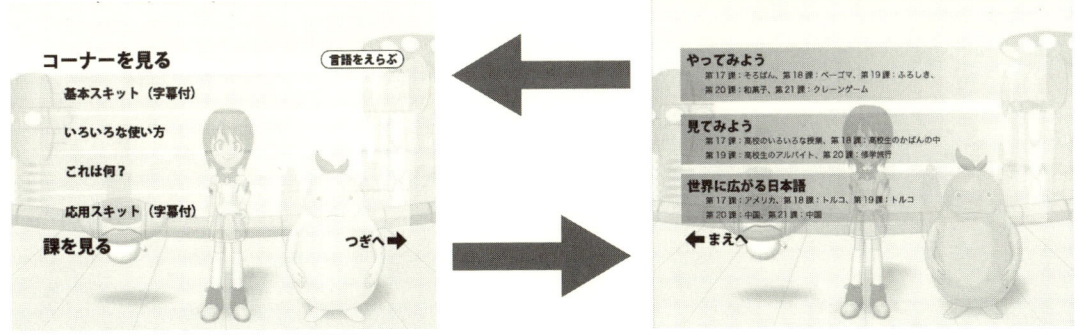

第17課
だい か

はんたいのことを言う
い

― 授業 ―
じゅぎょう

≪ことばをふやそう！≫「時間割」「形容詞⑴」
じかんわり　けいようし

≪これは何？≫
なに

≪やってみよう≫「そろばん」

≪見てみよう≫「高校のいろいろな授業」
み　　こうこう　　じゅぎょう

≪世界に広がる日本語≫「アメリカ／日本語を勉強している高校生」
せかい　ひろ　にほんご　　にほんご　べんきょう　　こうこうせい

まんが 基本スキット
きほん

2次関数

$y=2(x+1)^2-4$

このグラフ、
どうなるかな？
わかる人？
ひと

す

はい、じゃあ、
エリン。黒板に
こくばん
書いて。
か

-2
-4

そうだね。
正解。
せいかい

ねえ、
エリン。

数学、
すうがく
得意なの？
とくい
むずかしくない？

お さ ら い 基本スキット
きほん

先生：このグラフ、どうなるかな？　わかる人？
せんせい　　　　　　　　　　　　　　　　　　　　ひと

先生：はい、じゃあ、エリン。黒板に書いて。
せんせい　　　　　　　　　　　　　こくばん　か

先生：そうだね。正解。
せんせい　　　　　せいかい

さき：ねえ、エリン。数学、得意なの？
　　　　　　　　　　すうがく　とくい
　　　　むずかしくない？

エリン：んー。**むずかしいけど、おもしろいよ。**

さき：えー、そうかなあ…。
　　　　私、数学、ぜんぜんだめなのよね。
　　　　わたし　すうがく

先生：ほら、そこ！　藤岡！
せんせい　　　　　　　ふじおか
　　　　このグラフの頂点の座標は？
　　　　　　　　　　ちょうてん　ざひょう

さき：それはですねえ…。

エリン：xが－1、yが－4。

さき：xが－1、yが－4です。

先生：よし、そうだな！
せんせい

先生：よくできたぞ、エリン！
せんせい

4

CAN-DO

はんたいのことを言う

┌─ ☆ CAN-DO のための大切な表現 ☆ ──────────

　　数学は、むずかしいけど、おもしろいです。
　　すうがく

☆ "はんたいのことを言う" 言い方です。

　　【ふつう体】のあとに「けど」をつけて、はんたいのことを言います。

　　形容詞や名詞（＋です）の【ふつう体】は、下のように作ります。
　　けいようし　めいし

い形容詞
けいようし

ていねい体	ふつう体			
	現在 げんざい	現在・否定形 げんざい　ひていけい	過去 かこ	過去・否定形 かこ　ひていけい
むずかし**いです**	むずかしい	むずかし**くない**	むずかし**かった**	むずかし**くなかった**
たか**いです**	たかい	たか**くない**	たか**かった**	たか**くなかった**

な形容詞・名詞（＋です）
けいようし　めいし

ていねい体	ふつう体			
	現在 げんざい	現在・否定形 げんざい　ひていけい	過去 かこ	過去・否定形 かこ　ひていけい
たいへん**です**	たいへん**だ**	たいへん**じゃない**	たいへん**だった**	たいへん**じゃなかった**
きれい**です**	きれい**だ**	きれい**じゃない**	きれい**だった**	きれい**じゃないった**
びょうき**です**	びょうき**だ**	びょうき**じゃない**	びょうき**だった**	びょうき**じゃなかった**
やすみ**です**	やすみ**だ**	やすみ**じゃない**	やすみ**だった**	やすみ**じゃなかった**

　　例１）パソコンは高いけど、べんりです。
　　れい　　　　　　たか

　　例２）漢字の練習はたいへんだけど、おもしろいです。
　　れい　　かんじ　れんしゅう

動詞
どうし

　　動詞の活用には、３つのグループがあります。
　　どうし　かつよう　　みっ

　　それぞれのグループの【ふつう体】は、つぎのように作ります。
　　　　　　　　　　　　　　たい　　　　　　　　　　　　つく

　　例３）その話は聞いたけど、わすれました。
　　れい　　　はなし　き

　　例４）メールを送ったけど、返事が来ません。
　　れい　　　　　おく　　　　　へんじ　き

5

	ていねい体 （＝ます形）	ふつう体			
		現在	現在・否定形	過去（＝た形）	過去・否定形
I	い**い**ます	いう	い**わ**ない	いった	い**わ**なかった
	ま**ち**ます	まつ	ま**た**ない	まった	ま**た**なかった
	と**り**ます	とる	と**ら**ない	とった	と**ら**なかった
	い**き**ます	いく	い**か**ない	いった	い**か**なかった
	の**み**ます	のむ	の**ま**ない	のんだ	の**ま**なかった
	はな**し**ます	はなす	はな**さ**ない	はな**し**た	はな**さ**なかった
	か**き**ます	かく	か**か**ない	かいた	か**か**なかった
II	みます	みる	み**ない**	みた	み**なかった**
	たべます	たべる	たべ**ない**	たべ**た**	たべ**なかった**
III	き（来）ます	くる	**こない**	**きた**	**こなかった**
	します	**する**	**しない**	**した**	**しなかった**

練習1

例のように言ってください。

例：（数学：むずかしいです、おもしろいです）

数学は、<u>むずかしいけど</u>、おもしろいです。

1．（留学生活：いそがしいです、楽しいです）
2．（母の料理：かんたんです、おいしいです）
3．（この歌手：あまり有名じゃないです、じょうずです）

練習2

例のように言ってください。

例：（図書館に行きました、休みでした）

図書館に<u>行ったけど</u>、休みでした。

1．（友だちを1時間待ちました、来ませんでした）
2．（先週かぜをひきました、もう元気です）
3．（さいしょは不安でした、友だちがたくさんできました）
4．（雨はやみました、風はまだ強いです）

いろいろな使い方
つか　かた

❶犬の散歩で
いぬ　さんぽ

　　男の人1：こんにちは。
　　おとこ　ひと

　　男の人2：こんにちは。
　　おとこ　ひと

　　男の人1：さ、「すわれ」は？　すわれ。
　　おとこ　ひと

　　男の人2：何歳ですか？
　　おとこ　ひと　なんさい

　　男の人1：今、4歳です。
　　おとこ　ひと　いま　さい

　　男の人2：大きいですね。
　　おとこ　ひと　おお

　　男の人1：大きいけどおとなしいんです。
　　おとこ　ひと　おお

　　　　　　　「チンチン」は？　チンチン。よーし。

　　　　　　　それから、「はーい」は？　はーい。

❷遊園地で
ゆうえんち

　　アナウンス：ご乗車ありがとうございます。
　　　　　　　　じょうしゃ

　　　　　　　　つづいてジェットコースター、スタートです。

　　女の人1：こわかったね。
　　おんな　ひと

　　女の人2：こわかったけど楽しかったね。
　　おんな　ひと　たの

❸えんがわで

　　おじいさん：じいちゃんの夏みかんどう？
　　　　　　　　なつ

　　女の子1：すっぱい。
　　おんな　こ

　　女の子2：すっぱい。
　　おんな　こ

　　女の子3：すっぱいけどおいしい。
　　おんな　こ

　　おじいさん：そう。

7

応用スキット
おう よう

めぐみ：よし！

　さき：え、もうできたの？

　さき：うまいなあ、あいかわらず。

めぐみ：そんなことないよ。

　　　　それより、咲のも見せて。
　　　　　　　　さき　　み

　さき：え！　だめ！

めぐみ：えー、なんでよー？

　さき：だって、見せたら、ぜったいわらうし…。
　　　　　　　　み

めぐみ：わらわないって。やくそくする。

　さき：ほんとに？

めぐみ：うん。

　さき：じゃあ…はい。

めぐみ：これ、あたし？

　さき：あっ、やっぱり、あきれてる！

めぐみ：ううん…。

　　　　ちょっと**おどろいたけど、私は好きだよ。**

　　　　あ、エリン。

エリン：これ…めぐみ？

めぐみ：…みたい。

　さき：もうー、エリンまで！

《ことばをふやそう！》

〈時間割（じかんわり）〉

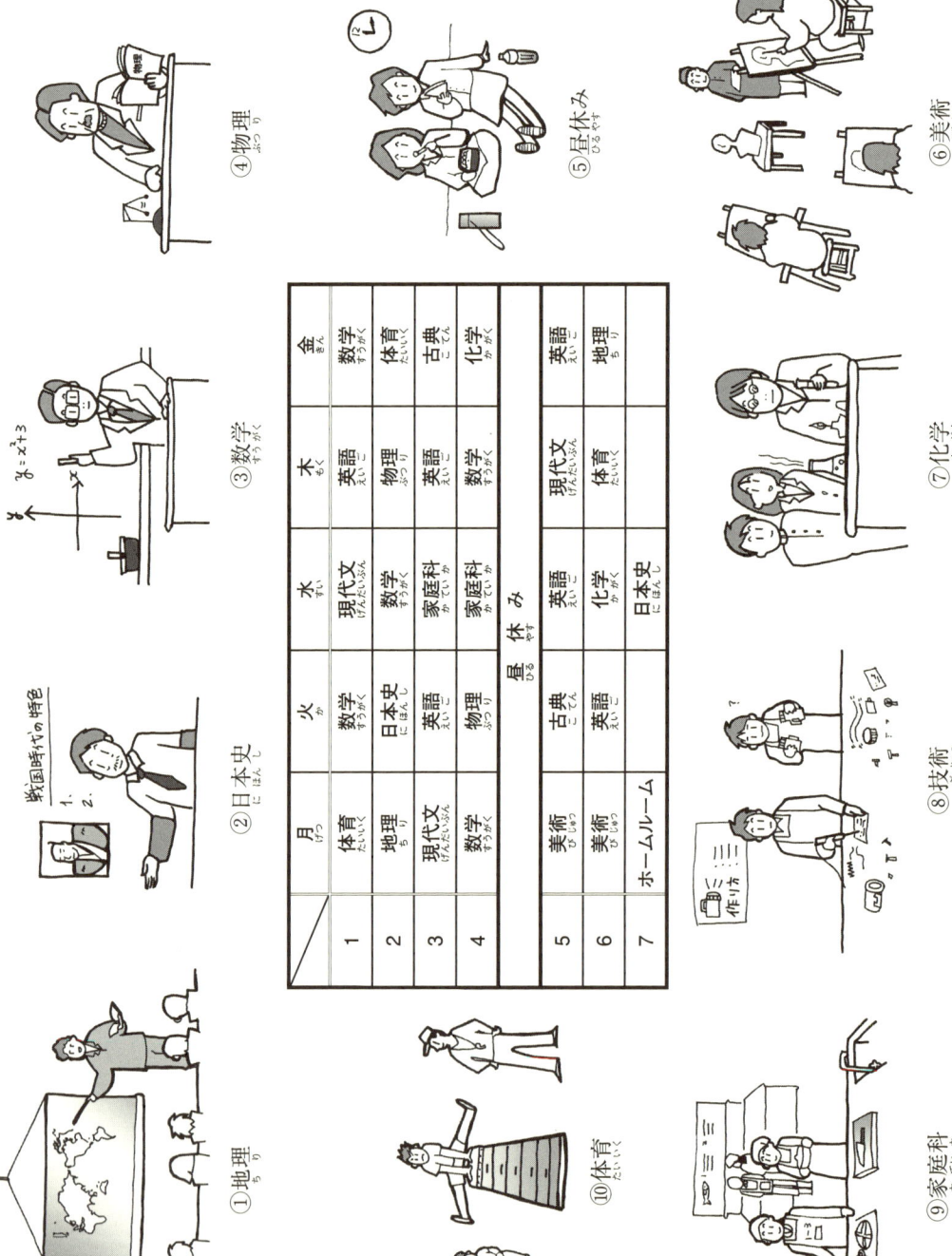

	月（げつ）	火（か）	水（すい）	木（もく）	金（きん）
1	体育（たいいく）	数学（すうがく）	現代文（げんだいぶん）	英語（えいご）	数学（すうがく）
2	地理（ちり）	日本史（にほんし）	数学（すうがく）	物理（ぶつり）	体育（たいいく）
3	現代文（げんだいぶん）	英語（えいご）	家庭科（かていか）	英語（えいご）	古典（こてん）
4	数学（すうがく）	物理（ぶつり）	家庭科（かていか）	数学（すうがく）	化学（かがく）
			昼休み（ひるやすみ）		
5	美術（びじゅつ）	古典（こてん）	英語（えいご）	現代文（げんだいぶん）	英語（えいご）
6	美術（びじゅつ）	英語（えいご）	化学（かがく）	体育（たいいく）	地理（ちり）
7	ホームルーム				日本史（にほんし）

①地理（ちり）
②日本史（にほんし）
③数学（すうがく）
④物理（ぶつり）
⑤昼休み（ひるやすみ）
⑥美術（びじゅつ）
⑦化学（かがく）
⑧技術（ぎじゅつ）
⑨家庭科（かていか）
⑩体育（たいいく）

《形容詞(1)》

① おもしろい
② つまらない
③ かんたんな
④ むずかしい
⑤ 便利な
⑥ 不便な
⑦ はやい
⑧ おそい
⑨ きれいな
⑩ きたない
⑪ 広い
⑫ せまい

これは　何に

教室でおもしろいものを見つけました。
何でしょうか？

みどりの箱です。
黒板の近くにあります。

黒板消しがよごれました。

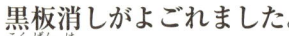

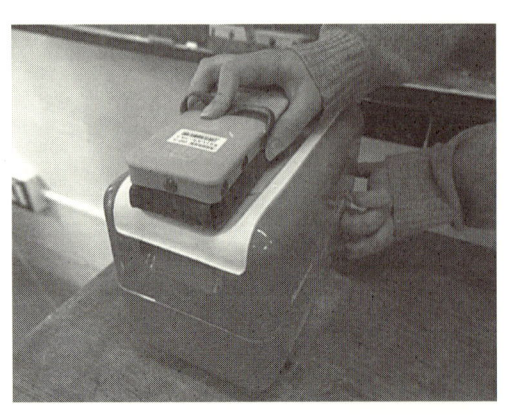

黒板消しのクリーナー！
黒板消しが、すぐきれいに
なります。

●やってみよう●
「そろばん」

ナレーション：今日はそろばんをやってみましょう。
　　　　　　　きょう

先生、子どもたち：こんにちはー。
せんせい　こ

ナレーション：そろばんは計算の道具です。
　　　　　　　　　　けいさん　どうぐ

先生：3円なり、5円なり、3円なり…
せんせい　えん　　　えん　　　えん

ナレーション：たくさんの子どもたちがそろばんを習っています。
　　　　　　　　　　　こ　　　　　　　　　　　　　なら

先生：ゆういちろう君。
せんせい　　　　　くん

子ども：306円。
こ　　　　　えん

先生：はい、ごめい（さん）。合った人！
せんせい　　　　　　　　　　あ　ひと

ナレーション：じょうずになると、とても早く計算することができます。
　　　　　　　　　　　　　　　　　　　　はや　けいさん

ナレーション：今日の先生は、小玉博雄さんです。

先生：たとえば 1 から 10 まで足すと、1、2、3、4、5、6、7、8、9、10 と、55 になります。

ファブリシオ：はや…。

先生：こういうふうに指が自然に動くようになります。

ナレーション：お手本です。

　　　　　　まず、そろばんに数を入れてみましょう。

　　　　　　これが「0」（ゼロ）です。

　　　　　　このしるしのところが「一のくらい」です。

　　　　　　「一のくらい」は、1 から 9 までです。

先生：1、2、3、4。

ナレーション：「5」は上の玉 1 つです。

先生：5、6、7、8、9、10。

ナレーション：これは「2」です。

　　　　　　これは「7」です。

先生：11、12、13、14、15、16、17、18、19。

　　　さあ、20 はどうやってあらわすかな？

　　　やってみますか？

　　　これが 19 で、20 は？

　　　ヒントをあたえましょうか？

　　　これが 10。

ファブリシオ：あ、じゃあ、これをもう 1 個さがす。

先生：そうですね。

　　　うん。

　　　はい、ごめいさん。

　　　はい、これで 20 です。

ナレーション：これが「20」です。

先生　：100。

　　　　はい、一番早かった、ウラディ、ヴラディク君。

　　　　はい。

　　　　さあ、自信があるよ。

　　　　はい、ごめいさん。

　　　　よくできました。はい。

ナレーション：これが「100」です。

ナレーション：それでは計算してみましょう。

　　　　「たし算」をします。

　　　　下の玉を足すときは、親指を使います。

　　　　5を足すときは、人さし指を使います。

　　　　答えは「9」です。

　　　　「ひき算」をします。

　　　　引くときは、人さし指を使います。

　　　　答えは「0」（ゼロ）です。

ナレーション：では、やってみよう。

先生　：そろばんをやるとき一番大事なのはしせいをよくすることです。

　　　　はい、まず、いすを引いてください。

　　　　はい、いすを引いてください。

15

先生：はい、そうですね、これが0（ゼロ）のじょうたいです。

　　　それでは、親指を使って、1をあらわしてください。

　　　はい、よくできました。

　　　じゃ、今度は5を足してください。

　　　5を足すとき、人さし指で足してください。

　　　えー、ファブリシオ君、いくつになってますか？

ファブリシオ：6？

先生：6。

　　　はい、6です。

　　　大丈夫ですよ。

　　　今度は親指を使って、3を足してください。

　　　親指で3を足してください。

　　　はい、セバスチャン君、いくつになってますか？

セバスティアン：9です。

先生：9です。

　　　はい、ごめいさんです。

　　　はい、よくできました。

　　　はい、9から、今度は5を引いてください。

　　　人さし指で、5を引いてください。

　　　はい、えー、アレハンドラさん、いくつになっていますか？

アレハンドラ：4。

先生：はい、4です。

　　　ごめいさんです。

ナレーション：もう少しむずかしい計算もしてみましょう。

先生：はい、ねがいましては、15円なり、

くわえて34円なり、

引いては9円では。

カミルさん、いくつですか。

カミル：90。

ナレーション：ん？　90円かな。

もう1回見てみよう。

カミル：あ、40円。

先生：はい、40円ですね。

はい、ごめいさんです。

リポーター：どうですか、やってみて。

カミル：楽しい。

リポーター：楽しい？

セバスティアン：なんか、かいかんでしたね。

こうやって、ゆびを早くするのが。

アレハンドラ：ふしぎだなと思いました。

と、自然に計算ができるから、そろばんってすごいなと思いました。

ナレーション：みなさんもそろばんをやってみてください。

●見てみよう●
「高校のいろいろな授業」

ホニゴン：今日は高校のいろいろな授業を見るよ。

エリン：ここは女の子の高校ですね。

高校生：起立。礼。おはようございます。

ホニゴン：授業が始まる時は先生にあいさつします。

まず、「現代国語」という授業。

今の日本語や日本文学の授業だねえ。

エリン：みんな一生懸命。

ホニゴン：グラウンドでは「体育」の授業をやっているよ。

高校生：1、2、3、4、5、6、7、8。

ホニゴン：こっちは体育館。

エリン：バレーボールですね。

楽しそう！

ホニゴン：つぎは、「英語」の授業。

エリン：みんな、電子辞書を使っていますね。

ホニゴン：さあ、今度は「家庭科」という授業だよ。

エリン：料理の勉強ですね。

ホニゴン：服を作るときもあるよ。

エリン：ふうーん。

何を作っているんですか？

高校生：スカートを作っています。

エリン：できあがりが楽しみですね。

ホニゴン：ほかにもいろいろな授業があるよ。

これは「美術」。

これは「書道」だね。

ホニゴン：さあ、今日の授業は終わりです。

エリン：またあした！

第17課　見てみよう「高校のいろいろな授業」

世界に広がる日本語
せ かい ひろ　　 に ほん ご
「アメリカ／日本語を勉強している高校生」
に ほん ご　　べん きょう　　　　　　　　こう こう せい

ナレーション　：ここはアメリカです。

　　　　　　　アメリカでは、げんざい 14 万人が日本語を勉強しています。
　　　　　　　　　　　　　　　 まんにん　　に ほん ご　　べんきょう

　　　　　　　西海岸、サンディエゴ。
　　　　　　　にしかいがん

　　　　　　　この町は古くから日本とこうりゅうがあります。
　　　　　　　　　まち　ふる　　　　　に ほん

　　　　　　　そして、日本語を教えている高校があります。
　　　　　　　　　　　に ほん ご　おし　　　　　こうこう

　　　　　　　サンデギート高校です。
　　　　　　　　　　　　　こうこう

　　学生　：働く。
　　がくせい　はたら

　　先生　：歌を歌うのが仕事の人。
　　せんせい　うた　うた　　　　し ごと　ひと

　　学生　：歌手。
　　がくせい　か しゅ

　　先生　：えー、漢字、書いてください。
　　せんせい　　　　かん じ　か

　　　　　　明るい、明るい。
　　　　　　あか　　　あか

　　　　　　ひらがなも書いてください。
　　　　　　　　　　か

　　学生　：先生！
　　がくせい　せんせい

ロバート　：チカさん、今年の冬休み…。

ナレーション：高校3年生のロバート・モビアーニ君。

学生　：ひまな時、どんなことをするのが好きですか？

ロバート　：ひまな時に、あー、ぼくはテレビを見るのが好きです。

ナレーション：去年の夏、ロバート君はクラスメートたちと日本へ行きました。

ロバート　：あー、京都は、すごくきれい だ と思った。

　　　　　　いろいろなお寺（か）や 神社に行きました。

　　　　　　大学に入る時、また日本に、あー、行きたいです。

ナレーション：ロバート君が大好きな場所に案内してくれました。

ロバート　：いただきます。ヤー。

　　　　　　1か月に2回ぐらい友だちと、あー、日本の料理を、あー、食べに来ます。

　　　　　　カリフォルニア巻き。

友だち　：中身は、

ロバート　：カニ、アボカドがあって、あー、のりがあります。

　　　　　　そのとなりは、あー、てりやきです。

ナレーション：みなさん、日本の料理はどうですか？

みんな　：はい。

　　　　　　大好き（だ） です 。

ロバート　：海のむこうに、日本があります。

　　　　　　また、行きたいです。

ナレーション：最後にロバート君の大好きな日本語を教えてもらいました。

ロバート　：ぼくの一番好きな日本語のことばは「青」です。

　　　　　　あー、英語で「あお」と いったら、あー、「Ouch!」って感じ。

　　　　　　あ、あと、海も、あー、「青い」です。

第
17
課

Describing Contradictory Ideas — In Class —

Basic Skit

Teacher : So how would you graph this? Anyone know?

Teacher : Yes, OK, Erin. Can you write it on the blackboard?

Teacher : That's it. Correct.

　Saki : Hey. Erin, are you good at math?
　　　　Isn't it difficult?
　Erin : Um... **It's difficult but... interesting.**
　Saki : Yeah? I don't know about that...
　　　　I'm hopeless at math.

Teacher : Hey, over there! Fujioka!
　　　　What are the coordinates of the vertex of this graph?
　Saki : That's, ah...
　Erin : X is -1, and y is -4.
　Saki : X is -1, and y is -4.
Teacher : Right, that's correct.

Teacher : Good job, Erin!

Advanced Skit

Megumi : All right!
　Saki : What, are you done already?

　Saki : You're good, as always.
Megumi : That's not so.
　　　　But never mind that. Show me yours, Saki.
　Saki : What? No way!
Megumi : Huh? Why not?
　Saki : Because if you see it you'll definitely laugh...
Megumi : I won't laugh. I promise.
　Saki : Really?
Megumi : Uh-huh.
　Saki : Well, then... here.

Megumi : This is... me?
　Saki : Oh, see? You're shocked.
Megumi : No...
　　　　I'm a little surprised ... but I like it.
　　　　Ah, Erin.
　Erin : This is ... Megumi?
Megumi : ...Supposedly.
　Saki : Erin, you too?

第17課

Dizendo algo contrário — Aula —

Diálogo básico

Professor: Como vocês acham que ficará este gráfico? Quem sabe?

Professor: Então, Erin. Escreva no quadro.

Professor: Muito bem. Está correto.

     Saki : Ei, Erin. Você é boa em matemática?
           Não acha difícil?
     Erin : **Hum. É difícil, mas divertido.**
     Saki : Puxa, é mesmo?
           Eu sou muito ruim em matemática, sabe...

Professor: Ei, vocês! Fujioka!
           Qual a coordenada do vértice deste gráfico?

     Saki : É...
     Erin : x é –1, y é –4.
     Saki : x é –1 e y é –4.
Professor: Isso mesmo.

Professor: Muito bem, Erin!

Diálogo avançado

Megumi : Pronto!
    Saki : Ué, já terminou?

    Saki : É, você realmente é muito boa nisso.
Megumi : Imagina.
        Ei, me mostre o seu, Saki.
    Saki : Oh, não!
Megumi : Por quê?
    Saki : Se eu mostrar, você vai rir com certeza.
Megumi : Não vou rir, não. Eu prometo.
    Saki : Mesmo?
Megumi : Â-hã.
    Saki : Então... Olhe.

Megumi : Esta... sou eu?
    Saki : Ah, eu sabia. Você está pasma!
Megumi : Não.
        Eu só levei um susto, mas eu gostei, viu?
        Ah, Erin.
    Erin : Esta... é você, Megumi?
Megumi : ...Parece que sim.
    Saki : Que coisa! Até você, Erin!

반대되는 것을 말하다. ─수업─

기본 대화

선생님 : 이 그래프 어떻게 될까 ? 아는 사람 ?

선생님 : 자 ! 에린 . 칠판에 써 봐 .

선생님 : 그래 . 정답 .

　사키 : 어 ? 에린 , 수학 잘 하니 ?
　　　　어렵지 않아 ?
　에린 : 음~ . **어렵지만 , 재미있어** .
　사키 : 아~ , 그러니 ?
　　　　난 수학은 전혀 못하겠어 .

선생님 : 거기 ! 후지오카 !
　　　　이 그래프의 정점 좌표는 ?
　사키 : 그건…… ,
　에린 : x 가 −1 , y 가 −4 .
　사키 : x 가 −1 , y 가 −4 입니다 .
선생님 : 그래 맞아 .

선생님 : 잘 했다 , 에린 !

응용 대화

메구미 : 됐다 !
　사키 : 벌써 다 그렸어 ?

　사키 : 잘 그렸네 , 역시 .
메구미 : 아니야 .
　　　　네 것도 보여 줘 .
　사키 : 안 돼 !
메구미 : 왜 ?
　사키 : 보면 웃을 거야 .
메구미 : 안 웃을게 . 약속해 .
　사키 : 정말이지 ?
메구미 : 응 .
　사키 : 자……여기 .

메구미 : 이게 나야 ?
　사키 : 거 봐 , 기막혀 하잖아 .
메구미 : 아니 뭐…… .
　　　　좀 **놀라긴 했지만 난 좋은데** .
　　　　에린 !
　에린 : 이거……메구미야 ?
메구미 : ……그렇대 .
　사키 : 에린 , 너 마저 !

24

说相反的事情 —上课—

基础篇

老师：这个图形的答案是什么？ 有谁知道吗？

老师：好，艾琳。你上来写在黑板上。

老师：没错。答对了。

笑：艾琳！ 你擅长数学吗？
不难吗？
艾琳：**难是难，不过挺有意思的呀。**
笑：嗳，是吗……。
我的数学可是一点儿都不行哪。

老师：瞧你们那里！ 藤冈！
你说说这个图形顶点的坐标是？
笑：那是……
艾琳：x 是 −1，y 是 −4。
笑：x 是 −1，y 是 −4。
老师：好，不错。

老师：回答很正确，艾琳！

应用篇

惠：好了！
笑：你都已经画好了？

笑：你的画还是画得那么好。
惠：哪里呀。
把你画的也给我看看。
笑：哎呀！ 不行！
惠：嗳～为什么嘛。
笑：要是给你看了，你肯定会笑的……。
惠：不会笑的，我保证。
笑：真的？
惠：嗯。
笑：那……你看。

惠：这个画的……是我？
笑：你看，还是有点儿吃惊了吧！
惠：不是啊……。
稍微有点儿意外，不过，我很喜欢这张画的。
噢，艾琳！
艾琳：这是……小惠？
惠：……好像是。
笑：真是的，连艾琳也笑我！

25

第17課

☆ CAN-DO のための大切な表現 ☆練習の答え
（たいせつ　ひょうげん　れんしゅう　こた）

練習1．
（れんしゅう）

1．留学生活は、<u>いそがしいけど</u>、楽しいです。
（りゅうがくせいかつ）　　　　　　　　（たの）
2．母の料理は、<u>かんたんだけど</u>、おいしいです。
（はは　りょうり）
3．この歌手は、<u>あまり有名じゃないけど</u>、じょうずです。
（かしゅ）　　　　　（ゆうめい）

練習2．
（れんしゅう）

1．友だちを1時間<u>待ったけど</u>、来ませんでした。
（とも）　　（じかんま）　　　（き）
2．先週かぜを<u>ひいたけど</u>、もう元気です。
（せんしゅう）　　　　　　　　（げんき）
3．さいしょは<u>不安だったけど</u>、友だちがたくさんできました。
（ふあん）　　　　（とも）
4．雨は<u>やんだけど</u>、風はまだ強いです。
（あめ）　　　　　（かぜ）（つよ）

第18課
だい か

くらべて言う
い
― 100円ショップ ―
えん

≪ことばをふやそう！≫「100円ショップ」「形容詞⑵」
えん　　　　　　　　けいよう し

≪これは何？≫
なに

≪やってみよう≫「ベーゴマ」

≪見てみよう≫「高校生のかばんの中」
み　　　　　　こうこうせい　　　　　なか

≪世界に広がる日本語≫「トルコ／日本語を使って働いている人」
せかい ひろ にほんご　　　　 にほんご つか はたら ひと

まんが 基本スキット
きほん

これ、
いいんじゃない？

あ、
こっちは？

そのほうが
かわいい。

エリン、
そういうのが
好きなんだ。

うん。じゃあ
買ってくる。

いいと
思うんだけど
なあ…。

おさらい 基本スキット

エリン：これも 100 円なんだ。

めぐみ：そう。ぜんぶ 100 円。

　さき：何でも売ってるよね。

めぐみ：エリン、何買いに来たんだっけ？

エリン：写真立て。

　さき：あった！

　さき：これ、いいんじゃない？

めぐみ：あ、こっちは？

エリン：そのほうがかわいい。

　さき：エリン、そういうのが好きなんだ。

エリン：うん。

　　　　じゃあ買ってくる。

　さき：いいと思うんだけどなあ…。

CAN-DO

くらべて言う

─ ☆ CAN-DO のための大切な表現 ☆ ─

　そっちのほうが（こっちより）かわいいです。

☆ 2つのものを "くらべて言う" 言い方です。

　　例1）Aのほうが（Bより）大きいです。　　Ⓐ　　　Ⓑ

　　例2）母のほうが（父より）歌がじょうずです。

☆ 2つのものを "くらべて聞く" 言い方も勉強しましょう。

　　例）AとBとどちらが大きいですか。　Aのほうが（Bより）大きいです。

練習1

　例のように話してください。

　　例：（体育館／武道場：広いです）（体育館）

　　　A：体育館と武道場とどちらが広いですか。

　　　B：体育館のほうが広いです。

　1．（北海道／東京：大きいです）（北海道）

　　　A：　　　　　　　　　　　B：

　2．（この白いくつ／その黒いくつ：じょうぶです）（黒いくつ）

　　　A：　　　　　　　　　　　B：

　3．（東海道新幹線／東北新幹線：新しいです）（東北新幹線）

　　　A：　　　　　　　　　　　B：

　4．（木村さん／田中さん：せが高いです）（田中さん）

　　　A：　　　　　　　　　　　B：

練習 2
れんしゅう

例のように話してください。答えは自分で考えてください。
　　れい　　　　はな　　　　　　　　こた　　じ ぶん　かんが

例：（数学／英語）
れい　すうがく　えい ご

　　A：数学と英語とどちらが好きですか。
　　　　すうがく　えい ご　　　　　　　す

　　B：数学（英語）のほうが好きです。
　　　　すうがく　えいご　　　　　　　　す

1．（野球／サッカー）
　　やきゅう

　　A：　　　　　　　　　　　B：

2．（クラシック／ロック）

　　A：　　　　　　　　　　　B：

3．（夏／冬）
　　なつ　ふゆ

　　A：　　　　　　　　　　　B：

4．（町／いなか）
　　まち

　　A：　　　　　　　　　　　B：

練習 3
れんしゅう

下の表を見て、例のように言ってください。
した　ひょう み　　れい　　　　い

日本やあなたの国のデータもしらべてくらべてください。
に ほん　　　　　　くに

	ロシア	ブラジル	日本
国の面積 くに めんせき	1707万 km² まん	851万 km² まん	38万 km² まん
人口 じんこう （人の数） ひと かず	中国 ちゅうごく 1315844000人 にん	インドネシア 222782000人 にん	日本 に ほん 12775700人 にん
川の長さ かわ なが	ナイル川 がわ （アフリカ） 6695km	アマゾン川 がわ （南アメリカ） みなみ 6516km	長江 チャンチャン （中国） ちゅうごく 6380km
山の高さ やま たか	エベレスト （中国・ネパール） ちゅうごく 8848m	キリマンジャロ （タンザニア） 5895m	モンブラン （フランス・イタリア） 4808m

例：ロシアのほうがブラジルより広いです。
れい　　　　　　　　　　　　　　　　　　ひろ

いろいろな使い方
<small>つか　かた</small>

❶魚市場で
<small>うおいちば</small>

店員：はい、いらっしゃいませ。
<small>てんいん</small>

　客：今日はあじとさば、どっちがおすすめ？
<small>きゃく　きょう</small>

店員：んー。さばのほうがおいしいですよ。
<small>てんいん</small>

　　　今の時期のね、さばはね、あぶら乗っててとっても
<small>いま　じき　の</small>

　　　おいしいですから。

　客：じゃ、今日はさばをもらおうかしら。
<small>きゃく　きょう</small>

店員：はい、ありがとうございます。
<small>てんいん</small>

❷ドライブで

女の人：ねえ、どの道通っていく？
<small>おんな　ひと　みちとお</small>

男の人：んー。急ぐから、高速のほうがいいんじゃない。
<small>おとこ　ひと　いそ　こうそく</small>

女の人：そうだね。
<small>おんな　ひと</small>

カーナビ：目的地へのルートガイドを開始します。
<small>もくてきち　かいし</small>

❸マッサージ店で
<small>てん</small>

店員：こんにちは。
<small>てんいん</small>

　客：あ、こんにちは。
<small>きゃく</small>

店員：今日はどのへんがおつらいですか？
<small>てんいん　きょう</small>

　客：あ、あのう、ちょっと、かたがこってるんですけども。
<small>きゃく</small>

店員：はい。ちょっと様子見させてください。
<small>てんいん　ようすみ</small>

　　　左かたのほうがずいぶんこってますね。
<small>ひだり</small>

　客：はい。おねがいします。
<small>きゃく</small>

店員：じゃあ、くつをぬいでいただいて、こちらうつぶせに
<small>てんいん</small>

　　　なるように、ねてみてください。

応用スキット
おう よう

めぐみ：あ！
　　　　駄菓子屋さんだ。
　　　　だ が し や

かおる：この店、まだあったんだ。
　　　　みせ
　　　　小さいころ、よく来たなあ。
　　　　ちい　　　　　　き

めぐみ：へえー、そうなんだ。

かおる：あ！
　　　　このあめ。
　　　　糸引いて、大きいのあてるんだよね。
　　　　いと ひ　　　　おお
　　　　ちょっとやってみようかなあ。

めぐみ：えー。やるの？

かおる：すいません、これ１つ。
　　　　　　　　　　　　ひと

店の人：はい。１回 10 円ね。
みせ ひと　　　　かい　えん

かおる：これかなあ。

めぐみ：ちょっと待って。
　　　　　　　　ま
　　　　こっちのほうがいいんじゃない。

かおる：よし！ じゃあ、引くよ。
　　　　　　　　　　　　　ひ

かおる：あたり！
　　　　よくわかったね。
店の人：おめでとうございます。
　（みせ）（ひと）
　　　　大あたりね。
　　　　（おお）
　　　　はい、どうぞ。

第18課

ことばをふやそう！

《ことばをふやそう！》
〈100円ショップ〉

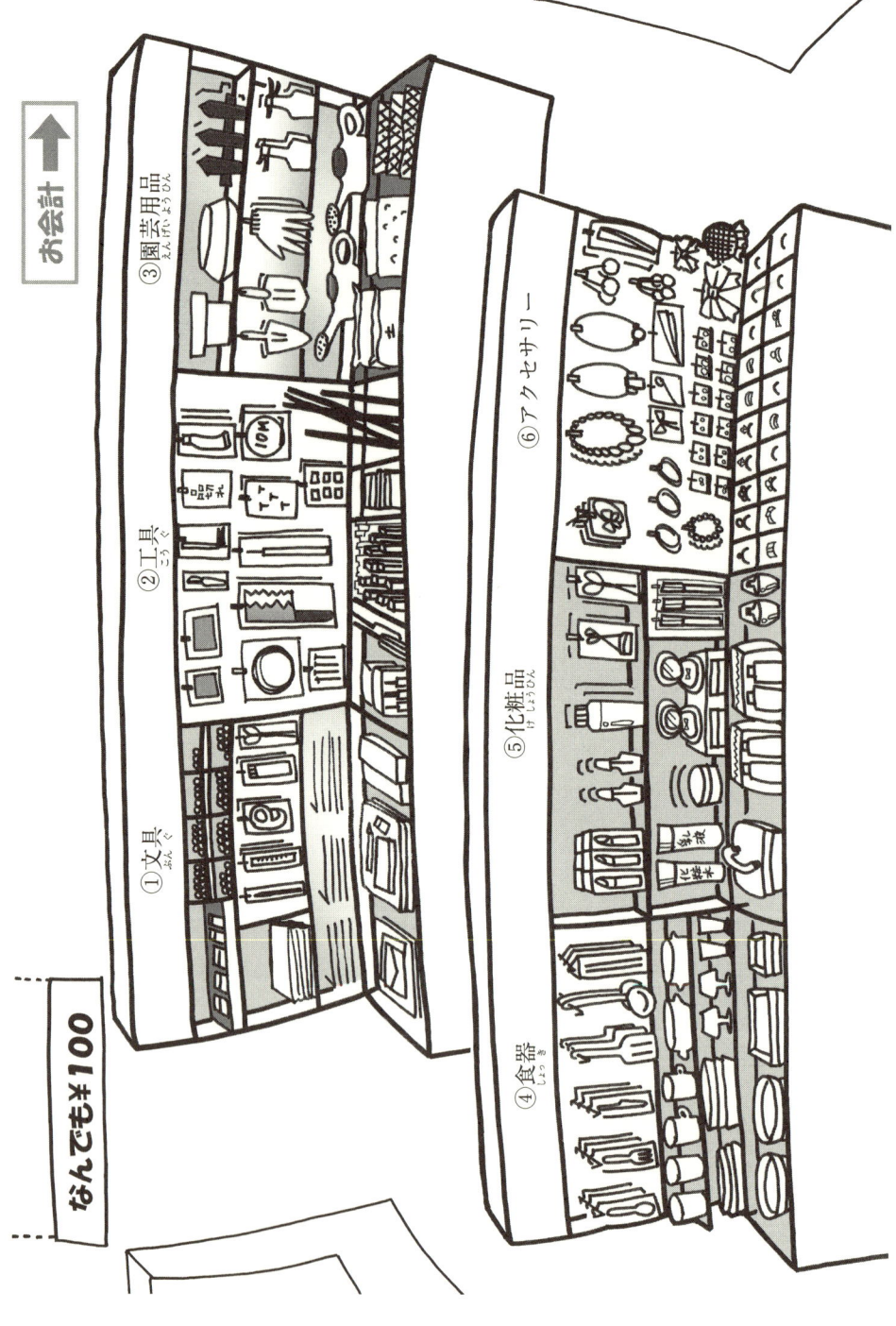

お会計 →

①文具

②工具

③園芸用品

④食器

⑤化粧品

⑥アクセサリー

なんでも100

第18課

ことばをふやそう！

〈形容詞(2)〉

①おいしい
②まずい
③重い
④軽い
⑤遠い
⑥近い

⑦高い
⑧安い
⑨太い
⑩ほそい
⑪長い
⑫短い
⑬大きい
⑭小さい

へやの中でおもしろいものを見つけました。
何でしょうか？

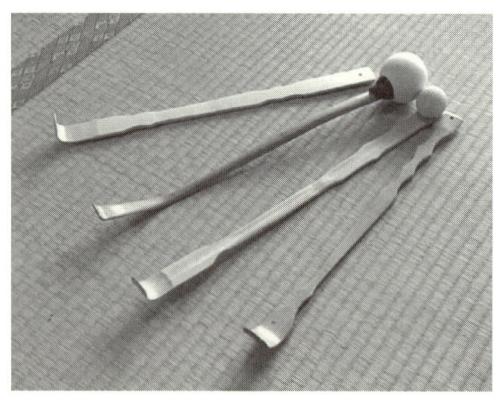

木の先が、手の形です。

男の人が持っています。
後ろで動かしています。

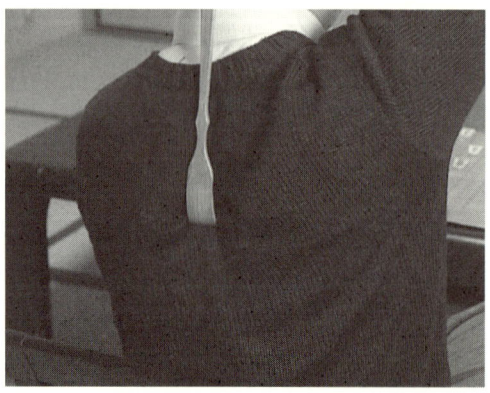

まごの手！
これで、背中をかきます。

●やってみよう●
「ベーゴマ」

ナレーション：今日は、ベーゴマであそびましょう。

これがベーゴマです。

ふつうのコマには、ぼうがありますが、ベーゴマにはありません。

先生は、中島茂芳さん。

楽しいベーゴマのあそび方を教えてもらいます。

先生：今日はみんな、ベーゴマがね、まわせるようになって、えーと、楽しく

あそべるようにね、なってってくださいね。

じゃ。

みんな：はい。

ナレーション：まず、ひもを巻きましょう。

ひものはしをむすんで、こぶを2つ作ります。

先生：ベーゴマのひもを、ベーゴマのはしにかけます。

こぶとこぶの真ん中に、ちょうどベーゴマの山が来るように、一巻きします。

ナレーション：こぶのまわりに1回ひもを巻いて強くしめます。

それから、軽く巻いていきます。

先生：こぶとこぶの真ん中に、ちょうどベーゴマのこの山のてっぺんが来るように。

持てた？

あ、持ててるね。

あ、持ててますね。

持ててますか？

あれ？　あれ？

巻けてますね。うまく。

おー！

あ、巻けてる。

ナレーション：みんなじょうずに巻きました。

ナレーション：つぎにベーゴマをまわしてみましょう。

お手本です。

先生：右足を、できるだけ、とこの近くに置きます。

こしをグウッと下げて、真ん中にそうっと置くようになげます。

先生：こしをおとして。

はい、行くよ。

1、2の3！

あ、まわっ…、あ、ちょっとまわったのに。

先生 ：１、２の３！
　　　ああ、まわってほしい。
　　　こうだよ。
　　　すべらせるように前に出して引くんだよ。
　　　いいよ。
　　　よっ。
　　　お、まわった。やった。やった。
　　　まわりました。

先生 ：行くよ。
　　　１、２の３！
　　　やった！
　　　やった。まわった。

ナレーション ：それでは、勝負をしましょう。
　　　　　　　最後まで、とこの上でまわっていたベーゴマが勝ちです。
　　　　　　　みんなのベーゴマに色をつけました。
先生 ：かけ声、「チッチのチ」に合わせて、
　　　いっせいに入れます。
　　　はい、では行きます。
みんな ：チッチのチ！
先生 ：あ、全員出ちゃいました。

子ども：あ、ぼく、のこってる。

先生：全員出ちゃいました。

子ども：ぼくの、のこってる。

先生：だめです、この上でまわってないと。

先生：はい、チッチのチ！

　　　あ、入った！

　　　2つ入った！

子ども：入った！

先生：青と白。

　　　さあ、青と白。

　　　さあ、どっちが…。

　　　お！　少しでもまわっているほうの勝ちだよ。

子ども：あ、やばい。

先生：さ、青と白どっちが…。

　　　あ！

　　　青の勝ちー！

　　　ヒロ君1勝！

　　　ヒロ君1勝です。

先生：さあ、ヒロ君、これで決めるか。

　　　さ、女の子がとるか。

　　　はい、じゃあ、いいですか？

　　　行きます！

　　　チッチのチ！

　　　お、3つ入った！

子ども：おねがい！

先生：おー、黄色が負けちゃった。

子ども：何すんのよー！

先生：おー、どうしよう。

　　　青と白、さあ、青と白、さあどっち！

子ども：青だ。

先生：青かな。

　　　青かな。

　　　やった、青。

　　　ヒロ君、ヒロ君、優勝！

　　　ヒロ君、優勝です。　ヒロ君、優勝！

　　　やった！

　　　おめでとう！

　　　優勝です、ヒロ君。

先生：あのう、友だちもいっぱいできるので、あの、ベーゴマをあそんで、

　　　友だちをいっぱい作ってください。

　　　今日は、本当にありがとうございました。

先生、子ども：ありがとうございました。

●見てみよう●
「高校生のかばんの中」

ホニゴン：今日は高校生のかばんの中を見てみよう。

　　　　　まず、男の子のかばん。

エリン：これは、教科書ですね。

ホニゴン：手袋、ポーチ、化粧水も入ってるね。

エリン：本もありますね。

高校生：と、電車の中でひまな時とか読みます。

ホニゴン：小説だね。

　　　　　こちらの男の子のかばんの中は？

　　　　　ノート、本、ふでばこ。あ、飲み物もあるね。

エリン：たくさん入ってますね。

高校生：これはワックスですね。

　　　　　髪につける整髪料です。

ホニゴン：おしゃれだねえ。

44

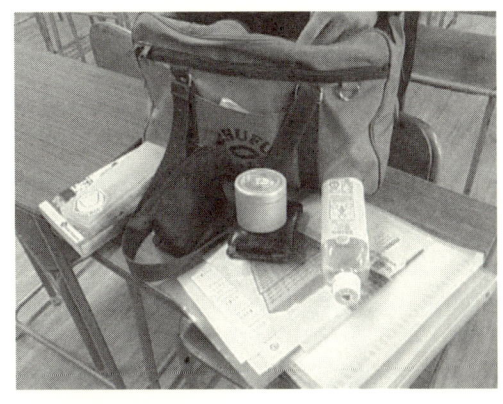

エリン：つぎは女の子のかばんですね！

　　　　何が入ってるんだろう？

高校生：さいふです。

　　　　ふでばこです。

エリン：これは何？

高校生：音楽を聞きます。

エリン：あー、ぜんぶピンク。

　　　　かわいいですね！

ホニゴン：こちらの女の子のかばんは？

高校生：これはけしょうポーチです。

　　　　ビューラーとか、ファンデーションとか。

高校生：これ、ふでばこです。

エリン：うわあ！　ペンがたくさん。

高校生：これは手帳です。

エリン：色がいっぱい。

　　　　かわいいですね。

ホニゴン：うん。

エリン：みんなのかばんの中、おもしろかった！

世界に広がる日本語
「トルコ／日本語を使って働いている人」

ナレーション：ここはトルコです。

トルコは、アジアとヨーロッパの間にあります。

そのため、ここイスタンブールはむかしからぼうえきがさかんです。

この町で働いているシナン・タウシャンさんです。

　　　シナン：えー、とうしかんきょうはどう思われていますか？

ナレーション：シナンさんは新聞記者です。

　　男の人：…もっと、アピールして…。

　　　シナン：ん。それ、トルコの自己アピールがちょっと足りないということも

ありますか？

　　男の人：うん、足りない…。

ナレーション：シナンさんの専門はけいざいです。

トルコのいろいろなビジネスをしゅざいして、日本の新聞に記事を

書いています。

シナン：子どものころからジャーナリストになりたかったので、まあ、あのー、
トルコのありのままのすがたを日本につたえる仕事ができて、うれしいと
思います。

ナレーション：シナンさんが日本語と出会ったのは大学時代。
日本にも1年間、留学しました。
そして、日本のビジネスマナーに興味を持ちました。
卒業論文も、日本の会社の文化についてまとめました。

シナン：どうも、はじめまして。
男の人：はい。はじめまして。
ナレーション：その経験は今の仕事にもとても役立っています。
男の人：どうもありがとうございます。
シナン：いつもお世話になっております。
男の人：いいえ。

ナレーション：最近、シナンさんが興味を持っているのは？
シナン：あの、**ドーナツ型のごまパンです。
オスマン帝国時代からトルコ人が大好きな食べ物です。**

ナレーション：このパンのファーストフード店が、今、海外進出をめざしています。
シナンさんはそれをしゅざいしています。
シナン：**トルコのでんとうてきな食べ物が、ま、海外に進出することはうれしいと、
ま、かなりおうえんしてい ます。**
ナレーション：シナンさんは、トルコの話題をできるだけ早く日本につたえたいと思って
います。

ナレーション：最後にシナンさんの大好きな日本語を教えてもらいました。
シナン：**私が好きなことばは「新幹線」です。
私も日本に留学したときはですね、本当に乗りたかったんですが、
じつはお金が足りなくて乗れませんでした。
ま、これから日本にもどったら、ま、ぜひとも乗ってみたいと思います。**

第18課　世界に広がる日本語「トルコ」

47

Comparing — 100-yen Shop —

Basic Skit

Erin : So, this is 100 yen, too.
Megumi : Yes. Everything's 100 yen.
Saki : They have everything here, don't they.
Megumi : Erin, what did you come to buy again?
Erin : A photo stand.
Saki : I found them!

Saki : Hey, isn't this one good?
Megumi : How about this one?
Erin : **That one's cuter.**
Saki : So, that's the type you like, Erin.
Erin : Yeah. I'll go buy this.

Saki : I still think this one is good...

Advanced Skit

Megumi : Oh! A *dagashi* candy shop.
Kaoru : Wow, it's still here.
　　　　　I came to this shop a lot when I was little.
Megumi : Is that so?

Kaoru : Hey! This candy!
　　　　　You pull a string to get the big candy.
　　　　　Maybe I should try...
Megumi : What? Are you going to try it?
Kaoru : Excuse me. One of these, please.
Clerk : Sure. That's ten yen for a try.

Kaoru : This one?
Megumi : Wait. **This one might be better, don't you think?**
Kaoru : All right! Well, here we go.

Kaoru : We got it! You really knew which one it was.
Clerk : Congratulations. You won the big prize. Here you are.

Fazendo comparações — Loja de 100 ienes —

Diálogo básico

Erin : Este custa 100 ienes também.

Megumi : Isso mesmo. Tudo custa 100 ienes.

Saki : Eles vendem de tudo.

Megumi : Erin, o que você veio comprar mesmo?

Erin : Um porta-retrato.

Saki : Achei!

Saki : Este não é legal?

Megumi : Ah, e este?

Erin : **Esse é mais bonitinho.**

Saki : Erin, você gosta desse tipo, é?

Erin : Sim. Então, eu vou lá pagar.

Saki : Acho este tão legal...

Diálogo avançado

Megumi : Olhe! Uma lojinha de doces!

Kaoru : Puxa, essa loja ainda existe!

Eu vinha muito aqui quando criança.

Megumi : Nossa, é mesmo?

Kaoru : Ah, esta bala!

Nós puxamos um fio para tentar pegar uma das balas maiores, não é mesmo?

Acho que vou tentar.

Megumi : O quê? Você vai tentar?

Kaoru : Por gentileza, me dá uma desta.

Balconista : Pois não. São 10 ienes por vez.

Kaoru : Será que é este?

Megumi : Espere aí.

Este não é melhor?

Kaoru : Ok! Então eu vou puxar, hein!

Kaoru : Bingo! Você acertou!

Balconista : Meus parabéns.

Que sorte grande! Pegue.

第18課

비교해서 말하다.　ー100 엔 숍ー

기본 대화

　　에린 : 이것도 100 엔이네.
메구미 : 응, 전부 100 엔이야.
　　사키 : 뭐든지 다 판다!
메구미 : 에린, 뭐 사러 왔더라?
　　에린 : 액자.
　　사키 : 여기 있다!

　　사키 : 이거 괜찮지 않니?
메구미 : 이거는?
　　에린 : **그게 귀엽다.**
　　사키 : 에린은 그런 거 좋아하는구나.
　　에린 : 응. 그럼 계산하고 올게.

　　사키 : 이것도 괜찮은데…….

응용 대화

메구미 : 어! 과자 가게다.
가오루 : 이 가게 아직 있었네.
　　　　어릴 때 잘 왔었는데.
메구미 : 그랬구나.

가오루 : 어! 이 사탕.
　　　　끈을 잡아당겨서 큰 걸 맞추는 거였지!
　　　　해 볼까?
메구미 : 진짜 할거야?
가오루 : 저기요, 이거 하나 주세요.
가게 주인 : 네. 한 번에 10 엔.

가오루 : 이건가?
메구미 : 잠깐만. **이쪽이 좋을 것 같은데.**
가오루 : 알았어! 자, 그럼 당긴다.

가오루 : 맞췄다! 잘 맞추네.
가게 주인 : 축하합니다.
　　　　큰 걸 맞췄어요.
　　　　자, 여기 있어요.

比较的说法　— 百元商店 —

基础篇

艾琳：这个也是一百日元呀。

惠：对。全是一百日元。

笑：真是应有尽有啊。

惠：艾琳，你买什么来着？

艾琳：相框。

笑：这里有！

笑：这个挺不错吧？

惠：哎，这个呢？

艾琳：**那个比较好看。**

笑：艾琳，你喜欢那样的呀。

艾琳：嗯。那我去付钱。

笑：我觉得这个不错嘛……。

应用篇

惠：啊！　是糖果店。

薰：这个小店还在呀。

　　我小时候常来的。

惠：哦，是这样啊。

薰：哎呀！　丝绳糖。

　　你知道吧，拉糖上串的丝绳，看能不能拉到一块大个糖果。

　　我来拉拉看吧？

惠：哎，你要拉？

薰：掌柜的，给我一个。

店老板：好的。一次 10 日元。

薰：是这个吧？

惠：等一下。**还是这个比较好吧？**

薰：好嘞！　那我就拉了。

薰：中了！　你可真会神机妙算。

店老板：祝贺你。

　　得大奖了。

　　给你。

☆ CAN-DO のための大切な表現 ☆練習の答え

第18課

練習1.
1. A：北海道と東京とどちらが大きいですか。
   B：北海道のほうが大きいです。
2. A：この白いくつとその黒いくつとどちらがじょうぶですか。
   B：黒いくつのほうがじょうぶです。
3. A：東海道新幹線と東北新幹線とどちらが新しいですか。
   B：東北新幹線のほうが新しいです。
4. A：木村さんと田中さんとどちらがせが高いですか。
   B：田中さんのほうがせが高いです。

練習2.
1. A：野球とサッカーとどちらが好きですか。
   B：野球（サッカー）のほうが好きです。
2. A：クラシックとロックとどちらが好きですか。
   B：クラシック（ロック）のほうが好きです。
3. A：夏と冬とどちらが好きですか。
   B：夏（冬）のほうが好きです。
4. A：町といなかとどちらが好きですか。
   B：町（いなか）のほうが好きです。

練習3.（例）
1. インドネシアのほうが日本より人が多いです。
2. ナイル川のほうがアマゾン川より長いです。
3. キリマンジャロのほうがモンブランより高いです。

理由を話す
りゅう　はな

― アルバイト ―

≪ことばをふやそう！≫ 「いろいろな職業」「求人広告」
しょくぎょう　　きゅうじんこうこく

≪これは何？≫
なに

≪やってみよう≫ 「ふろしき」

≪見てみよう≫ 「高校生のアルバイト」
み　　　　　　　　　こうこうせい

≪世界に広がる日本語≫ 「トルコ／日本語を勉強している高校生」
せかい　ひろ　　にほんご　　　　　　にほんご　べんきょう　　　　こうこうせい

まんが 基本スキット

すみませーん。

はい。

あ、なんで来たのー！

ちょっとようすを見に来たんだよ、ねー。

どうしたの、急にバイトなんて。

いいでしょ、別に。

でも、バイトは
めんどうだから
いやだって言ってた
じゃない。

買いたいものが
あるから
始めたの？

うん、まあ、
そんなとこ
かな。

あ、
おはよう
ございます！

ドキッ

おはよう！

なるほどー。

ニヤ
ニヤ

ギク
シャク

おさらい 基本スキット
きほん

エリン：すみませーん。

さき：はい。

あ、なんで来たのー！

めぐみ：ちょっとようすを見に来たんだよ、

エリン、めぐみ：ねー。

めぐみ：どうしたの、急にバイトなんて。

さき：いいでしょ、別に。

エリン：買いたいものがあるから始めたの？

さき：うん、まあ、そんなとこかな。

めぐみ：でも、バイトはめんどうだからいやだって言ってた
じゃない。

さき：あ、おはようございます！

バイトの先輩：おはよう！
せんぱい

エリン、めぐみ：なるほどー。

CAN-DO

理由を話す
りゆう　　はな

─☆ CAN-DO のための大切な表現 ☆──────
　　　　　　　　　　たい せつ ひょう げん

買いたいものがあるから、アルバイトをします。
か

☆ "理由を話す" 言い方です。
　　りゆう　はな　　い かた

　【ふつう体】のあとに「から」をつけて、理由を話します。
　　　　たい　　　　　　　　　　　　　　　りゆう　はな

　【ふつう体】の作り方は、p. 5 ～ 6 を見てください。
　　　　たい　つく かた　　　　　　　　　み

　　例1）あしたテストがあるから、勉強します。
　　れい　　　　　　　　　　　　　べんきょう

　　例2）頭がいたいから、帰ってもいいですか。
　　れい　あたま　　　　　かえ

　　例3）けしきがきれいだから、写真をとりましょう。
　　れい　　　　　　　　　　　しゃしん

　　例4）日曜日だから、ゆっくり休みたいです。
　　れい　にちようび　　　　　　　　やす

☆あとで理由を言うときは、つぎのように言います。
　　　　りゆう　い　　　　　　　　　　い

　　例）タクシーで行きましょう。まにあわないから。
　　れい　　　　　い

☆2つの文に分ける言い方は、「だから」を使います。
　ふた　ぶん わ　　い かた　　　　　　　　　つか

　　例）日本語を使って仕事をしたいです。
　　れい　にほんご　つか　しごと

　　　だから、一生懸命勉強します。
　　　　　　いっしょうけんめいべんきょう

練習1
れんしゅう

例のように言ってください。
れい　　　　い

　　例：［理由］：買いたいものがあります。
　　れい　りゆう　か

　　　　アルバイトをします。

　　→買いたいものがあるから、アルバイトをします。
　　　か

1．［理由］：あしたの朝、早く出かけます。
　　　　　　今日はもうねます。
　　→

2．［理由］：写真をとります。
　　　　　　集まってください。
　　→

3．［理由］：寒いです。
　　　　　　まどをしめてください。
　　→

4．［理由］：アニメが好きです。
　　　　　　日本語を勉強します。
　　→

5．［理由］：おいしかったです。
　　　　　　たくさん食べました。
　　→

練習2

れんしゅう

例のように、質問に答えてください。そして、答えの理由を言って
ください。

　　例1：どのきせつが好きですか。

　　　　　→冬が好きです。スキーができるからです。

　　例2：何曜日が一番好きですか。

　　　　　→金曜日が一番好きです。好きなテレビ番組があるからです。

　1．どのきせつが好きですか。

　　　→

　2．何曜日が好きですか。

　　　→

　3．どんな料理が一番好きですか。

　　　→

　4．どんな仕事をしたいですか（何になりたいですか）。

　　　→

いろいろな使い方
つか かた

❶漁港で
ぎょこう

　　　男の人１：今日の漁はどうでしたね？
　　　おとこ ひと　きょう りょう

　　　男の人２：今日はなみがあったから上等にかかったよ。
　　　おとこ ひと　きょう　　　　　　じょうとう

　　　男の人１：あー、それでこんなにかかっただね。
　　　おとこ ひと

　　　男の人２：んー、なみがねえ、あったからねえ。
　　　おとこ ひと

　　　　　　　　　　　　　　　　　　　　＊上等に＝とてもよく
　　　　　　　　　　　　　　　　　　　　　じょうとう

❷駅前で
えきまえ

　　　女の人：おそい！
　　　おんな ひと

　　　男の人：ごめん、ごめん。
　　　おとこ ひと

　　　女の人：さっき、電話した時、なんで出てくれなかったの？
　　　おんな ひと　　でんわ とき　　　 で

　　　男の人：電車の中だったから、出られなかったんだよ。
　　　おとこ ひと でんしゃ なか　　　　で

　　　　　　　さ、行こう！
　　　　　　　　い

❸おばあちゃんの家で
いえ

　　　　　　まご：これ、なあに？

　　　おばあちゃん：花まめ。
　　　　　　　　　　はな

　　　　　　　　　　おいしいから食べてみて。
　　　　　　　　　　た

　　　　　　　　　　どう？

　　　　　　まご：あまくておいしい！

❹カフェで

　　　女の人１：少し食べる？
　　　おんな ひと　すこ た

　　　女の人２：ありがと。
　　　おんな ひと

　　　　　　　んー、でもいいや、おなかいっぱいだから。

　　　　　　　それ、何ソース？
　　　　　　　　なに

　　　女の人１：いちご…。
　　　おんな ひと

応用スキット
おう　よう

客：これ。
店員：かしこまりました。
てんいん
　　　「スペシャルべんとう」、１つ。
　　　　　　　　　　　　　　　ひと
けんた：はい、「スペシャルべんとう」ですね！

けんた：はい、あがりました。

店員：ありがとうございました。
てんいん

60

けんた：人気ありますね、「スペシャルべんとう」。
店員：いろいろ入ってるからね。
けんた：ですよね。
　　　　うちのテニス部でも人気ですよ、
　　　　ボリュームたっぷりだから。
店員：ああ、運動部の子にはいいかもね。
けんた：でも、それでも足りないって、
　　　　「スペシャルべんとう」に、おにぎりつけて食べるやつも
　　　　いるんですよ。
店員：へえー、そんな食うやついるの？
けんた：ぼくなんですけどねえ。

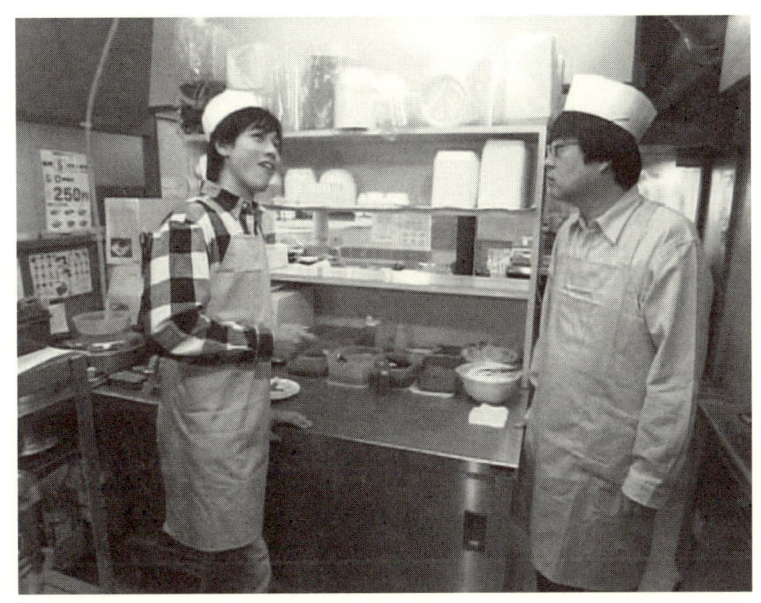

第19課

ことばをふやそう！

《ことばをふやそう！》
〈いろいろな職業〉

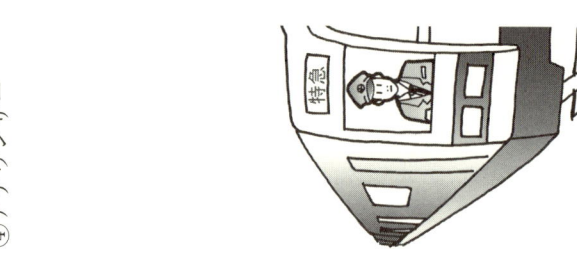

④アナウンサー

⑫運転士

③教師（先生）

⑧大工

⑦消防士

⑪漫画家

⑥キャビンアテンダント

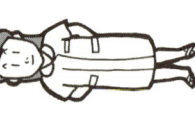

②看護師

⑤歌手

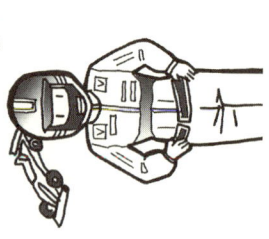

⑩レーサー

①医師（医者）

⑨プロボクサー

〈求人広告〉
きゅうじんこうこく

私たちといっしょにおいしいお弁当を作りませんか？

トンちゃん弁当

調理スタッフ募集

給与
(1)6:00〜9:00　時給950円
(2)9:00〜22:00　時給900円
(3)22:00〜翌6:00　時給1100円
勤務地
東京都千代田区＊＊＊＊

★週2日・1日3時間からOK
★16歳以上の方
　学生、フリーター歓迎!
★制服貸与
★交通費支給(月間1万5千円まで)

スマイルカフェ

接客スタッフ募集

時給…900円
勤務地…渋谷・新宿
勤務時間…6:00〜23:00
★週2日〜、1日3時間〜OK
応募資格…17歳〜50歳
★早朝・深夜手当てあり
★昇給あり

明るく楽しい職場です♪

NCガソリンスタンド

スタッフ募集（急募）

時給…1,100円
勤務地…北浦和
勤務時間…7:00〜22:00
応募資格…18歳〜35歳
★時間・曜日は相談可
★交通費全額支給

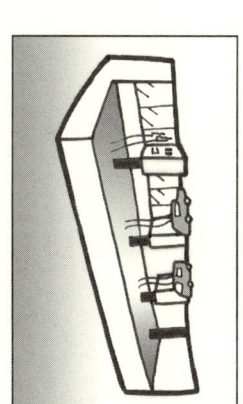

未経験者大歓迎！！

・募集（ぼしゅう）　　　　・相談可（そうだんか）　　・昇給（しょうきゅう）
・時給（じきゅう）　　　　・交通費（こうつうひ）　　・調理（ちょうり）
・勤務地（きんむち）　　　・接客（せっきゃく）　　　・歓迎（かんげい）
・応募資格（おうぼしかく）・手当て（てあて）　　　　・貸与（たいよ）

63

第19課

これは何？

アルバイトの店でおもしろいものを見つけました。
何でしょうか？

バイクの後ろに何かあります。
何が入っているのでしょう。

おそばです。

出前用のバイク！
料理をじょうずに
運びます。

●やってみよう●

「ふろしき」

ナレーション：今日はふろしきを使って、いろいろな物をつつんでみましょう。

　　　　　　　先生は石田光枝さん。

　　　先生：どうぞよろしくおねがいします。

　　　みんな：よろしくおねがいします。

ナレーション：これがふろしきです。

　　　　　　　はじめに、四角い箱をつつみましょう。

　　　先生：まずうらを上にして、かどがご自分のほうに来るように広げてください。

　　　　　　　そしてむこうのかどを、ご自分のほうにかけます。

　　　　　　　はい。

ナレーション：つぎに、うちがわをつまんで、かどを中に折ります。

　　　先生：ちょっと、つまみぎみにして、もっ、真ん中にたおします。

　　　　　　　じゃあ、ここで、あのう、真ん中で、しっかりとむすびましょう。

第19課

やってみよう「ふろしき」

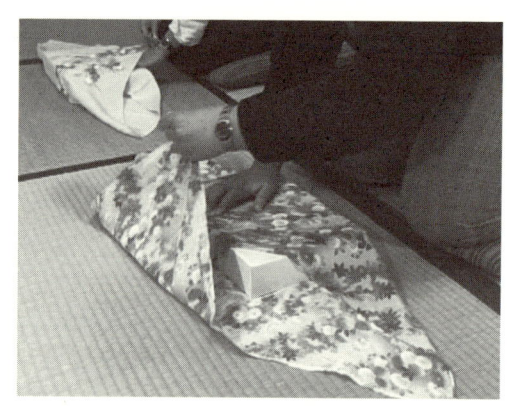

ナレーション：今度はまるい物をつつみましょう。

先生：手前のとなり同士の、かどとかどをしっかりとむすびます。

ナレーション：はんたいがわも、同じようにむすびます。

先生：もう1回くぐらせて、シュッと引けば…、

引っぱ、あっ、そこでもう1回むすばないでも、はい、そこで引っぱれば、

できあがりですね。

はい。

一方のむすび目を、もう一方のむすび目の下をくぐらせて、すっと引くと、

これで、できあがり。

ナレーション：ティッシュの箱をつつんだり、リュックサックを作ることもできます。

女の人：この、まー、日本のでんとうてきな、このまー、ふろしきのつつみ方、

あのー、国に帰っても、つたえていきたいと思います。

●見てみよう●
「高校生のアルバイト」

ホニゴン：今日は、日本の高校生のいろいろなアルバイトを見るよ。

エリン：はーい。

ホニゴン：まず、ガソリンスタンド。

渡辺：えー、渡辺将史、高校3年生、18歳です。

ホニゴン：渡辺君は、週に4日から5日、このガソリンスタンドで働いています。

エリン：どうして、このアルバイトをえらんだんですか？

渡辺：車とかバイクが大好きということもありまして、やっぱり、いつも車を
見ている仕事につきたいなと思って。

エリン：1時間のお給料はいくらですか？

渡辺：1100円ですね。

ま、洋服買ったりとか、あとは好きな、ま、バイクについやしたりとか。

エリン：がんばっていますね。

渡辺：どうもありがとうございましたー！

ホニゴン：つぎはケーキ店だよ。

袖山：いらっしゃいませ。袖山舞子、18歳、高校3年生です。

エリン：きれいなお店ですね。

ホニゴン：そうだねえ。

エリン：ケーキもおいしそう。

袖山：はい、おうかがいいたします。

客：エポンジュ・フルイ・デ・セボンと、

袖山：はい。

客：ショコラ・モカ・ドール。

エリン：ていねいに、入れるんですね。

袖山：いらっしゃいませ。

袖山：大変お待たせいたしました。

客：ありがとう。

袖山：ありがとうございました。

ホニゴン：ほかにも、お店で食べる人にケーキを出したり、

お菓子をふくろに入れたり、いろいろな仕事があるんだよ。

エリン：アルバイトのお金は、何に使っていますか？

袖山：えーと、**吹奏楽をやっていて、フルートを買ったので、そのお金（を）に。**

はい。**お母さんにかえすために…**。

ホニゴン：最後はスキー場だよ。

エリン：楽しそう！

ホニゴン：そうだねえ！

義田：こんにちは、義田大峰です。

18歳です。

高校3年生です。

ぼくの仕事は、リフトにお客さんを安全にゆうどうするかかりです。

ホニゴン：義田君の家は、このスキー場の近くです。

それで、このアルバイトをえらびました。

エリン：このアルバイトは、どんなところが一番大事ですか？

義田：ま、**お客さんの安全第一ってとこが一番大事なとこ**ですね。

ホニゴン：こうやって、注意して見ているんだよ。

あぶないことが起きたら、すぐリフトを止めるんだ。

エリン：義田君の、仕事はどうですか？

同僚（女の人）：声もよく出てて、接客態度はいいと思います。

はい。

エリン：アルバイトを始めて、よかったことは何ですか？

義田：社会に出て働くということが学べたのが、一番大きいですね。はい。

渡辺：いらっしゃいませ。

エリン：みんな、がんばっていましたね。

ホニゴン：うん。みんな一生懸命だったねえ。

世界に広がる日本語
せかい　　ひろ　　　　にほんご
「トルコ／日本語を勉強している高校生」
　　　　　　　にほんご　べんきょう　　　　　こうこうせい

ナレーション：ここはトルコです。

　　　　　首都アンカラの郊外に、トゥルク・テレコム・アナドル技術高校が
　　　　　しゅと　　　　こうがい　　　　　　　　　　　　　　　　　ぎじゅつこうこう
　　　　　あります。

　　　　　ラジオやテレビの放送技術を学ぶ学校です。
　　　　　　　　　　　　　ほうそうぎじゅつ　まな　がっこう
　　　　　この学校に日本語の授業があります。
　　　　　　　がっこう　にほんご　じゅぎょう
　　　　　こちらは高校2年生の日本語のクラスです。
　　　　　　　　　こうこう　ねんせい　にほんご

先生：えっとー、文を作るゲームをします。
せんせい　　　　　ぶん　つく
　　　私はことばを言います。
　　　わたし　　　　　い
　　　みなさんは正しい文を作りますね。
　　　　　　　ただ　　ぶん　つく
　　　いい天気。見えます。
　　　　　てんき　み
学生：**いい天気なら、アール山が見えます。**
がくせい　　てんき　　　　　やま　み
先生：**アール山が見えます。**
せんせい　　　やま　み
　　　そうですね。

ナレーション：スーザンさん。

この高校で日本語を勉強しています。

スーザン：日本語はむずかしい言語です。

でも私は、えー、いっしょうけんめいがんばっています。

日本語は楽しいと思います。

ナレーション：スーザンさんの家です。

スーザンさんは日本語の文字が大好きです。

スーザン：日本語がじょうずになって、日本へ行きたいです。

日本の大学でラジオ、テレビの勉強がしたいです。

ナレーション：スーザンさんは、週末、日本語学校に通っています。

今日は、その日本語学校の先生の家で、パーティーがあります。

みんな：こんばんは。

先生：こなをつけて。

おはし、大丈夫？

ナレーション：先生に教えてもらいながら、天ぷらやのり巻きを作ります。

先生：あついよ、気をつけて。

ナレーション：スーザンさんもおにぎりを作っています。

先生：あつい？

スーザン：あつい。あつい。

友だち：おー、あつい、あつい。

先生：で、こっちの手を…。

スーザン：むずかしいです。

ナレーション：日本料理がかんせいです。

みんな：かんぱい！

ナレーション：日本の文化を体験しながら、みんなで楽しい時間をすごしました。
　　　　　　　こんな時間がスーザンさんはとても好きです。

ナレーション：最後に大好きな日本語を教えてもらいました。

スーザン：私の好きなことばは「語」です。

　　　　　三つの字がひとつになっています。

　　　　　五つの口がしゃべるという漢字でできているので、おもしろいです。

Giving Reasons —Part-time Jobs—

Basic Skit

Erin : Excuse me!

Saki : Yes! Oh, what are you doing here?

Megumi : We just came to see how you are doing.

Erin & Megumi : Right?

Megumi : So, why did you suddenly decide to get a part-time job?

Saki : Why not?

Erin : **Did you start because there's something you want to buy?**

Saki : Yeah, well, sort of.

Megumi : But didn't you say you'd never work part-time because it would be such a bother?

Saki : Oh... Good morning!

Co-worker : Morning!

Erin & Megumi : Ah hah!

Advanced Skit

Customer : I'll take this one.

Clerk : Certainly. One "Special Box Lunch."

Kenta : OK. One "Special Box Lunch"!

Kenta : Here it is.

Clerk : Thank you very much.

Kenta : The "Special Box Lunch" is popular, isn't it?

Clerk : Because it's got a lot of different things in it.

Kenta : It sure does.
It's popular with my tennis club, too, because it's so big.

Clerk : Yes, it's probably perfect for kids in sports clubs.

Kenta : Yeah, but it's still not enough for some guys, who always need some rice balls, too.

Clerk : What? There's someone who eats that much?

Kenta : Actually, it's me.

Explicando a razão — Serviços Temporários —

Diálogo básico

Erin : Com licença!

Saki : Pois não? Ah, por que é que vocês vieram?

Megumi : Nós só viemos ver como você está.

Erin e Megumi : Não é ?

Megumi : O que aconteceu para você começar um serviço temporário de repente?

Saki : E o que é que tem?

Erin : **Você começou porque quer comprar algo?**

Saki : É mais ou menos isso.

Megumi : Mas você sempre disse que não queria trabalhar porque dá dor de cabeça.

Saki : Ah, bom dia!

Veterano na loja : Bom dia!

Erin e Megumi : Agora faz sentido!

Diálogo avançado

Cliente : Este.

Balconista : Ok. Um "*bentô* (marmita) especial".

Kenta : Ok, um "*bentô* especial"!

Kenta : Aqui está!

Balconista : Muito obrigado.

Kenta : O "*bentô* especial" é muito procurado, não?

Balconista : É porque vem bem variado.

Kenta : Exatamente.
É muito procurado pelo meu grupo de tênis também, pois vem com bastante volume.

Balconista : Ah, realmente é bom para jovens que praticam esporte.

Kenta : Mas para um deles, só um "*bentô* especial" não é o suficiente e ele acaba comendo também *onigiri* (bolinho de arroz).

Balconista : Sério que tem um menino que come tanto assim?

Kenta : Esse sou eu.

이유를 말하다. ― 아르바이트 ―

기본 대화

에린 : 저기요.

사키 : 네. 어! 어떻게 왔어?

메구미 : 잠깐 어떤지 보러 왔지.

에린, 메구미 : 그렇지～～?

메구미 : 어떻게 된 거야? 갑자기 아르바이트를 하고.

사키 : 그냥 뭐…….

에린 : 사고 싶은 게 있어서 시작한 거야?

사기 : 으음, 그냥 뭐 그렇다고 할까.

메구미 : 근데 아르바이트는 귀찮아서 싫다고 했잖아.

사키 : 안녕하세요?

아르바이트 선배 : 안녕?

에린, 메구미 : 아～!

응용 대화

손님 : 이거요.

점원 : 예, 알겠습니다.

　　　"스페셜 도시락"한 개.

젠타 : 네, "스페셜 도시락"이요!

젠타 : 다 됐습니다.

점원 : 감사합니다.

젠타 : "스페셜 도시락" 인기있네요.

점원 : 여러 가지 많이 들어 있으니까.

젠타 : 그렇지요.

　　　저희 테니스부에서도 인기예요.

　　　양이 많아서…….

점원 : 운동부 애들한테는 좋을지도 모르겠다.

젠타 : 그래도 모자라다고, "스페셜 도시락"에 삼각 김밥을 더 먹는 애도 있어요.

점원 : 아니, 그렇게 많이 먹는 애도 있어?

젠타 : 전데요.

叙述理由 — 打工 —

基础篇

艾琳：对不起。

笑：来啦。哎哟，你们怎么来了！

惠：我们是来看你打工的，

艾琳·惠：不是吗。

惠：你怎么突然打起工来啦？

笑：无所谓什么理由嘛。

艾琳：**你是不是想买什么东西，所以开始打工了？**

笑：对。差不多吧。

惠：可你不是说过打工很麻烦，自己不愿意打工吗？

笑：啊，早上好！

打工处师兄：早！

艾琳·惠：原来如此……。

应用篇

顾客：我要这个。

店员：知道了。

　　　来一个"特制盒饭"。

健太：好，"特制盒饭"是吧。

健太：好，做好了。

店员：谢谢！

健太："特制盒饭"可真有人气啊。

店员：因为内容丰富嘛。

健太：的确是啊。

　　　在我们网球俱乐部也很受欢迎的，
　　　因为量多实在。

店员：噢，对运动部的学生来说也许正好。

健太：不过，也有人嫌"特制盒饭"量不够，还要外加一个饭团子。

店员：哎哟，哪个家伙那么能吃？

健太：就是我呀。

☆ CAN-DO のための大切な表現 ☆練習の答え

練習1.

1. <u>あしたの朝、早く出かけるから</u>、今日はもうねます。
2. <u>写真をとるから</u>、集まってください。
3. <u>寒いから</u>、まどをしめてください。
4. <u>アニメが好きだから</u>、日本語を勉強します。
5. <u>おいしかったから</u>、たくさん食べました。

練習2.（省略）

けいけんを話す
はな
― 修学旅行 ―
しゅうがくりょこう

≪ことばをふやそう！≫ 「観光地」「旅行パンフレット」
かんこうち りょこう

≪これは何？≫
なに

≪やってみよう≫ 「和菓子」
わ が し

≪見てみよう≫ 「修学旅行」
み しゅうがくりょこう

≪世界に広がる日本語≫ 「中国／日本語を勉強している高校生」
せ かい ひろ に ほん ご ちゅうごく に ほん ご べんきょう こうこうせい

まんが　基本スキット
きほん

ねえ、
どこにする？

咲も京都、
さき　きょうと
はじめて？

うん。

う〜ん…

そうなんだ。

ここはどう？

あ！この写真、
しゃしん
見たことがある。
み

嵐山？
あらしやま

そう。
よく知ってるね。
し

あと、
ここは？

あ！仁和寺！
私、行きたいです。

ああ、
そうなんだ…。

それから、天龍寺。
それと、南禅寺。

ぽかん…

あ、東福寺、
醍醐寺も。いいなあ。

おおお！

パチ

パチ

パチ

81

おさらい 基本スキット
きほん

さき：ねえ、どこにする？

めぐみ：咲も京都、はじめて？
　　　　さき　きょうと

さき：うん。

めぐみ：そうなんだ。

さき：ここはどう？

エリン：あ！ **この写真、見たことがある。**
　　　　　　しゃしん　み

　　　　嵐山？
　　　　あらしやま

さき：そう。よく知ってるね。
　　　　　　　し

めぐみ：あと、ここは？

エリン：あ！ 仁和寺！
　　　　　　にんなじ

　　　　私、行きたいです。
　　　　わたし　い

めぐみ：ああ、そうなんだ…。

エリン：それから、天龍寺。
　　　　　　　　　てんりゅうじ

　　　　それと、南禅寺。
　　　　　　　なんぜんじ

　　　　あ、東福寺、醍醐寺も。
　　　　　とうふくじ　だいごじ

　　　　いいなあ。

生徒たち：おおお！
せいと

CAN-DO

けいけんを話す
はな

☆ CAN-DO のための大切な表現 ☆
たい せつ　 ひょう げん

この写真を見たことがあります。
しゃしん　み

☆ "けいけんを話す" 言い方です。
はな　　い　かた

《動詞の 【た形】》に「ことがあります」をつけます。
どう し　　　けい

	ます形	た形	ます形	た形
I	あいます	あった	まちます	まった
	とります	とった	あそびます	あそんだ
	よみます	よんだ	かきます	かいた
	はなします	はなした	いきます	いった
II	みます	みた	たべます	たべた
III	き(来)ます	きた	します	した

例) 京都に行ったことがあります。
れい　きょう と　 い

☆けいけんを聞いたり答えたりするときも使います。
き　　こた　　　　　　つか

例1) 日本のお茶を飲んだことがありますか。　はい。でも…にがいですね。
れい　にほん　ちゃ　の

例2) ゆきを見たことがありますか。　いいえ、ありません。見たいです。
れい　　み　　　　　　　　　　　　　　　　　　み

練習1
れんしゅう

例のように言ってください。
れい　　　　い

例：(この写真を見ます)
れい　　　しゃしん　み

　→この写真を見たことがあります。
　　　しゃしん　み

1. (日本語で手紙を書きます) →
にほんご　てがみ　か

2. (高い山にのぼります) →
たか　やま

3.（海でおよぎます）→
うみ

4.（外国へ旅行に行きます）→
がいこく　りょこう　い

練習2
れんしゅう

例のように書いて、チェックリストを作ってください。
れい　か　つく

それから、チェックリストをやってください。

あなたは挑戦したことがありますか？　チェックリスト！
ちょうせん

☆1～8の質問に「はい」か「いいえ」で答えてください。
しつもん　こた

	はい	いいえ
1. 日本のお茶を_飲んだ_ことがあります。 にほん　ちゃ　の　　　例：（飲みます） れい　の	☐	☐
2. すしを＿＿＿＿＿＿ことがあります。 （食べます） た	☐	☐
3. 折り紙を＿＿＿＿＿＿ことがあります。 お　がみ　　（折ります） お	☐	☐
4. 日本の有名人を＿＿＿＿＿＿ことがあります。 にほん　ゆうめいじん　（見ます） み	☐	☐
5. 日本の歌を＿＿＿＿＿＿ことがあります。 にほん　うた　（聞きます） き	☐	☐
6. カラオケを＿＿＿＿＿＿ことがあります。 （します）	☐	☐
7. 日本人と＿＿＿＿＿＿ことがあります。 にほんじん　（話します） はな	☐	☐
8. 日本語でメールを＿＿＿＿＿＿ことがあります。 にほんご　（送ります） おく	☐	☐

・「はい」6～8の人　すごい！　たくさん挑戦しましたね。
ひと　　　　　　　ちょうせん

・「はい」3～5の人　いろいろ挑戦しましたね。またやってみてくださいね。
ひと　　　　　　ちょうせん

・「はい」0～2の人　ぜひ挑戦してみてくださいね。
ひと　　　　　　ちょうせん

いろいろな使い方

❶京都の町で ①

　　　　　　男の人：なあ、人力車、乗ったことある？

　　　　　　女の人：うん。ないの？

　　　　　　男の人：うん。

　　　　　　女の人：乗ってみる？

　　　人力車の人：では、行きましょう！

❷京都の町で ②

　　　　　　　　客：いやあ、今日、何がある？

　　野菜売りの人：これ、食べたことあります？

　　　　　　　　客：どうして食べんの？

　　野菜売りの人：たいたらやわらかいですよ。

　　　　　　　　客：ほな、いただくわ。

　　　　　　　　　　　　　　　＊たいたら＝にたら

❸京都の町で ③

　　　　　女の人１：なあ、このお店、雰囲気がええなあ。

　　　　　女の人２：私、ここで抹茶、飲んだことあるよ。

　　　　　　　　　　ないの？

　　　　　女の人１：ない。

　　　　　　　　　　私も飲んでみたい。

　女の人１、２：ありがとう。

応用スキット
おう よう

さき：あ、かわいい。

けんた：そういうの、興味あるんだ。
　　　　　　　　きょう み

さき：いけない？

けんた：イメージとちがうからさあ。

さき：いいじゃん、別に。
　　　　　　　　　　べつ
　　　　あんた、何か買わないの？
　　　　　　　なに か

けんた：**おれ、京都、何度も来たことあるんだよな。**
　　　　　　きょう と　なん ど き

さき：じゃあ、つまんないんじゃない？

けんた：みんなで来るのは、それはそれで楽しいからさ。
　　　　　　　　　く　　　　　　　　　　　たの

友だち：咲、行くよ！
　さき：ちょっと待って。

けんた：すいません、これ、ください。

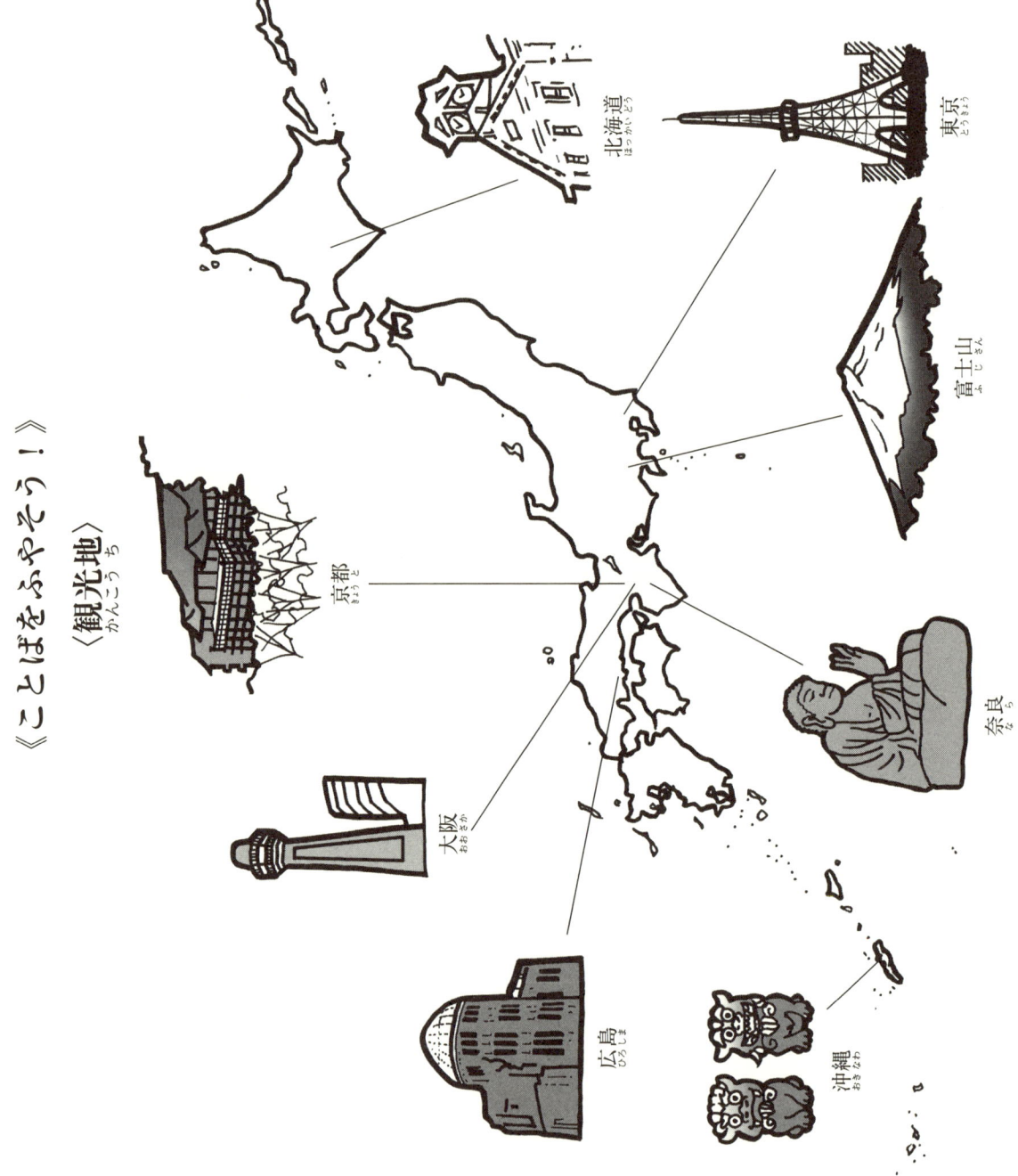

第20課

ことばをふやそう！

《ことばをふやそう！》

《観光地》
かんこうち

北海道
ほっかいどう

東京
とうきょう

富士山
ふじさん

京都
きょうと

奈良
なら

大阪
おおさか

広島
ひろしま

沖縄
おきなわ

〈旅行パンフレット〉
（りょこう）

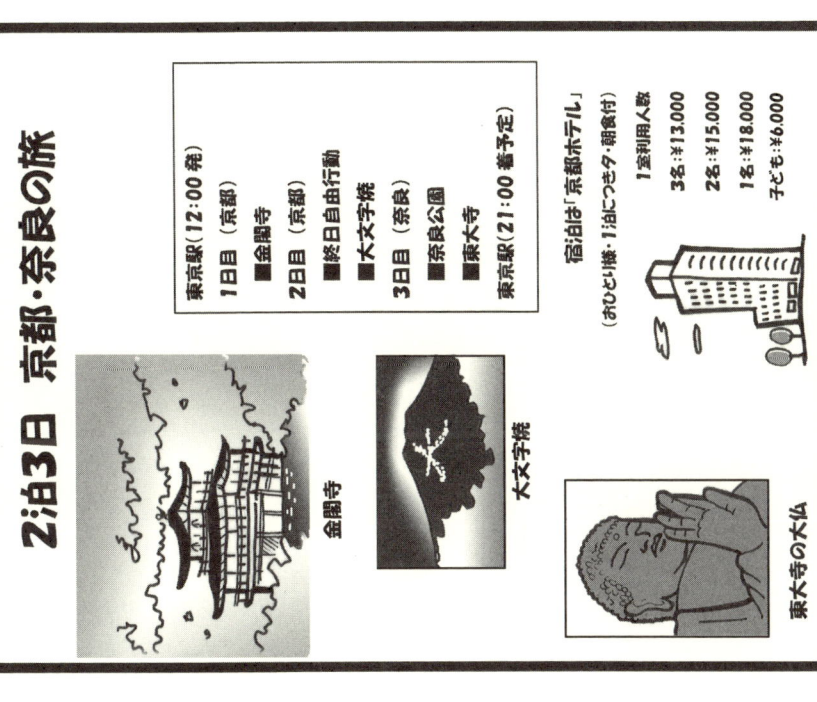

2泊3日　京都・奈良の旅

東京駅（12:00 発）
1日目　（京都）
■金閣寺
2日目　（京都）
■終日自由行動
■大文字焼
3日目　（奈良）
■奈良公園
■東大寺
東京駅（21:00 着予定）

宿泊は「京都ホテル」
（おひとり様・1泊につき9・朝食付）
1室利用人数
3名：¥13,000
2名：¥15,000
1名：¥18,000
子ども：¥6,000

金閣寺

大文字焼

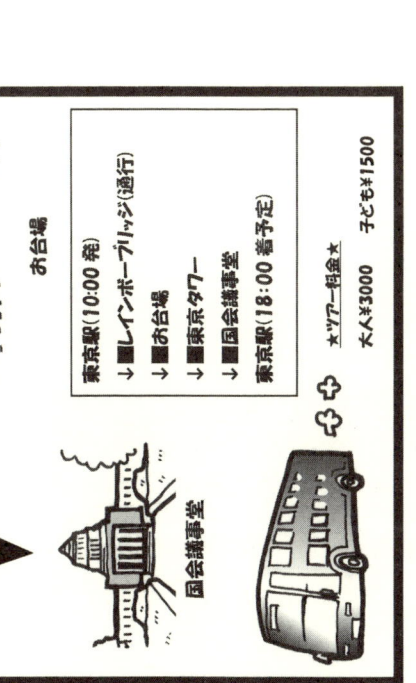

東大寺の大仏

・終日（しゅうじつ）
・金閣寺（きんかくじ）
・大文字焼（だいもんじやき）
・大仏（だいぶつ）
・宿泊（しゅくはく）
・利用人数（りようにんずう）

第20課　ことばをふやそう！

日帰り　東京観光ツアー

レインボーブリッジ

東京タワー

国会議事堂

お台場

東京駅（10:00 発）
↓ ■レインボーブリッジ（通行）
↓ ■お台場
↓ ■東京タワー
↓ ■国会議事堂
東京駅（18:00 着予定）

★ツアー料金★
大人¥3000　子ども¥1500

・日帰り（ひがえり）
・観光（かんこう）
・国会議事堂（こっかいぎじどう）
・通行（つうこう）
・予定（よてい）
・料金（りょうきん）

第
20
課

これは何？

修学旅行の夕食でおもしろいものを見つけました。
何でしょうか？

「たべられません」。

火をつけます。

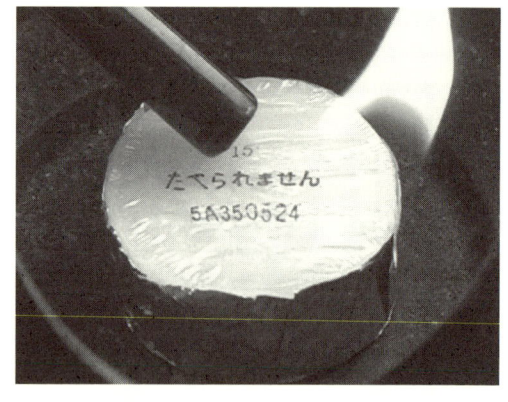

固形燃料！
これで、小さいなべを
あたためます。

●やってみよう●

「和菓子」
<ruby>和菓子<rt>わ が し</rt></ruby>

ナレーション：今日は和菓子を作りましょう。

和菓子はかたちや色がとてもうつくしいお菓子です。

先生は、内記進さんです。

材料は、ねりきりあん。

自由にかたちを作ることができます。

先生：まず梅を作ってみましょうね！

みんな：はい。

ナレーション：ねりきりあんで梅の花を作ります。

赤いあんを白いあんに少しまぜます。

真ん中にあずきのあんを置いてつつみます。

指で花びらのかたちを作って、黄色のあんをのせます。

91

先生：ふっくらとした梅でしょ。

あの、まるくやさしくできる、手作りのいいとこね。

ナレーション：では、やってみよう！

先生：真ん中へぜんぶよせます。ぐっと押すと、ぼけてますか？

みんな：ぼけてない。

ぼけてないかも。

先生：はい、もう1回だな。

男の人：よし！

先生：もっとぐっと押してよ。

ナレーション：押し方の強さで色のまざり方がかわります。

みんな：おー、すごい！

先生：ん、もういいね。

はい、いいでしょう。

で、5つに、こう分けるわけ。

ちょい。ん、そうだね。

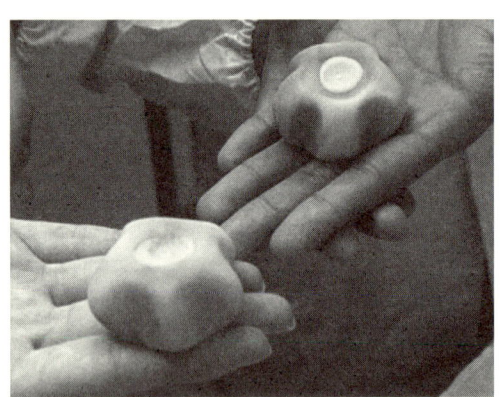

男の人：どっちがうめーかな。

女の人1：むずかしかったね。

男の人：ぼかすところが大変だったけどやっぱおもしろい。

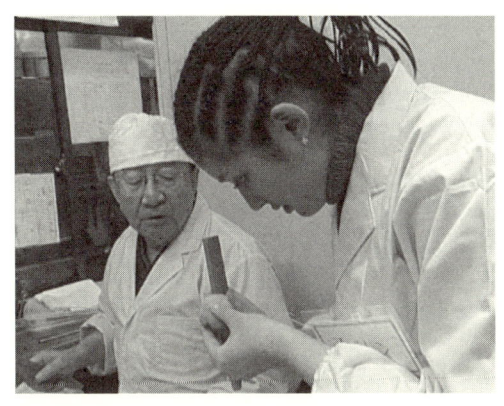

ナレーション：もう1つ、少しちがう梅も作ってみましょう。

今度は、へらを使います。

先生：おお、うまいうまい。

よし。押しすぎ。

女の人2：ちょっとあんこが見えちゃってます。

ちょっとへたっぴだけど、できたからよかったです。

みんな：いただきまーす。

男の人：もったいないな、でも、食べるの。

女の人2：ほんと。

ナレーション：自分で作った和菓子。

その味はどうですか？

女の人1：すごいおいしいです。

女の人2：めっちゃうまいです。

93

●見てみよう●
「修学旅行」
<small>しゅうがくりょこう</small>

ホニゴン：ここは京都です。

京都には、日本のいろいろなところから、高校生が修学旅行に来ます。

今日は修学旅行のようすを見てみよう。

エリン：はい！

ホニゴン：この高校生たちは、岩手県から来たんだよ。

バスガイド：本日はこれから旅館出発いたしまして、清水寺へとみなさまをお送り

いたします。

エリン：みんな、ガイドさんの旗についていきますね。

ホニゴン：全員で、記念写真をとります。

カメラマン：はい、こっち。はい！

ホニゴン：それから、グループに分かれて、自由行動。

　　　　　自分たちが行きたいところに行きます。

ホニゴン：ここは、仁和寺。

エリン：有名なお寺ですね。

　　　　うわあ、にわがきれい。

ホニゴン：みんな、写真をとっているね。

リポーター：どうでしたか？　仁和寺の中。

高校生：きれいだったよ。ね。

高校生：ね。

高校生：え、**紅葉がすごいきれい**でした。

エリン：いい写真ですね。

ホニゴン：この男の子たちは、京菓子資料館に来たよ。

　　　　　ここでは、京都の和菓子のれきしやぎじゅつがわかります。

エリン：これは、何だろう？

館員：ぜんぶお菓子なんです。

高校生：お菓子なんですか。

高校生：お菓子なんですか。

高校生：うへえ、すげえ。

高校生：職人技？

ホニゴン：木も花も、ぜんぶ和菓子でできているんだよ。

エリン：すごい！

ホニゴン：ここは、売店。

店員：ありがとうございます。

　　　　1575 円ちょうだいいたします。

エリン：このお菓子を買ったんですね。

高校生：**これは家族におみやげ。**

95

エリン：つぎはどこへ行くのかな？

高校生：どこだったっけ？

高校生：わからんねえ。

リポーター：わかんなくなった？

高校生：わかんなくなった。

ホニゴン：んー、行き方がわからなくなったみたいだねえ。

店員：つぎ、どちらに行かはるんですか？

高校生：白峯神宮。

店員：白峯神宮やったら、あすこ。　　　　　　　　　　　　＊あすこ＝あそこ

歩いていく？

高校生：うん、歩いていく。

高校生：ありがとうございます。

高校生：行くぞ。とりあえず…。

高校生：どうも。

高校生：どうも。

高校生：ありがとうございました。

エリン：よかったですね！

ホニゴン：どのグループも京都見学を楽しみました。

夕方、5時までに旅館に帰ります。

リポーター：京都はどうでしたか？

高校生：うーん。

高校生：京都は、**まさにれきしてきな町でした。**

二条城と、あと白峯神宮に行ってきましたね。

高校生：**さいごに走ったのつかれたよね。**

高校生：ああ。

エリン：おつかれさまでした。

ホニゴン：さあ、夕食の時間。

　　　　　今日の献立は、すきやきです。

高校生：まだあ？　まだあ？

エリン：みんな、楽しそうですね。

ホニゴン：夕食のあと、旅館の近くの商店街でおみやげを買います。

エリン：すてきなものがたくさんありますね。

高校生：チョコ、買おっと。

店員：はい、1100 円の…。

高校生：ありがとうございます。

店員：ありがとうございます。

店員：ありがとうございました。

ホニゴン：つぎの日、京都を出発します。

エリン：みんな、おみやげをいっぱい持っていますね。

ホニゴン：京都への修学旅行、きっといい思い出になったねえ。

エリン：そうですね！

第20課　見てみよう［修学旅行］

世界に広がる日本語
「中国／日本語を勉強している高校生」

ナレーション：ここは中国です。

中国でも、多くの人が日本語を勉強しています。
中国の首都、北京です。
北京市内にある月壇中学校です。
この学校には13歳から18歳まで700人以上の生徒がいます。
そして、そのほとんどが日本語を勉強しています。

ナレーション：高等部2年生のクラス。

先生：これはいつの写真ですか？

初詣の、そうです。

じゃ、もう一度…。

ナレーション：今日は日本のお正月について勉強しています。

このクラスに日本語がとても好きな生徒がいます。

ナレーション：陳剣橋君。

5 年前から日本語を勉強しています。

陳：ぼくは子どもの時に日本の車を好きになって、えー、で、日本語の勉強をし始めました。

ナレーション：昼休み。

陳君は大好きなバスケットボールをしています。

ナレーション：2 年前、陳君は日本でホームステイをしました。

その一番の思い出もバスケットボールです。

陳：ホームステイの時、よくホストマザーにつれられて、近くの中学校で、えーと、バスケットボールをやってました。

なんかとても楽しかった。

ナレーション：放課後、陳君は週 2 回、日本語の塾に通っています。

陳：勉強は楽しいし、いい人生を送りたいから、えっと、いっしょうけんめい勉強しています。

ナレーション：夜は 10 時ごろ、家に帰ります。

そして、すぐ宿題を始めます。

教科書の単語をノートに写します。

陳：漢字はたぶん一番かんたんだと思う。

えっとー、なんか中国の漢字とにてるから。

ナレーション：陳君に将来のゆめについてたずねてみました。

陳：えー、日本車が好きだから、将来日本に留学に行って、えー、車についての仕事をしたい。

ナレーション：最後に陳君の大好きな日本語を聞きました。

陳：石の上にも三年。

ぼくは、どんなことをやっても、せいこうするには努力が必要なことがわかりました。

ぼくはいつもこのことわざにはげまされています。

Talking about Experiences — School Trip —

Basic Skit

Saki : So, where should we go?
Megumi : Is this also your first time to Kyoto, Saki?
Saki : Yes.
Megumi : I see.
Saki : How about here?
Erin : Oh! **I've seen this picture before.**
　　　 Is it Arashiyama?
Saki : Yes. You really know your stuff.
Megumi : And how about here?
Erin : Oh! Ninna-ji temple!
　　　 I want to go there.
Megumi : Oh, you do...
Erin : And Tenryu-ji temple.
　　　 And, Nanzen-ji temple.
　　　 Oh, and Tofuku-ji temple and Daigo-ji temple would be nice, too.
Classmates : Whoa!

Advanced Skit

Saki : Hey, this is cute!
Kenta : So, you like stuff like that.
Saki : What's wrong with that?
Kenta : It's just not you.
Saki : Who cares.
　　　 You're not buying anything?
Kenta : **I've been to Kyoto many times.**
Saki : Then it must be boring for you.
Kenta : No, it's also fun coming with everyone.

Friends : Saki, we're leaving!
Saki : Ah... wait up!

Kenta : Excuse me. I'll take this, please.

Relatando experiências — Viagem escolar —

Diálogo básico

Saki : E então, para onde vamos?

Megumi : É a sua primeira visita a Quioto também, Saki?

Saki : É.

Megumi : Ah é?

Saki : Que tal aqui?

Erin : Ei, **já vi esta foto!**

Arashiyama?

Saki : É. Muito bem!

Megumi : E que tal aqui, então?

Erin : Ei, Templo Ninna!

Eu quero ir.

Megumi : É mesmo?

Erin : E também ao templo Tenryu.

E ao templo Nanzen.

Ah, e os templos Tofuku e Daigo também parecem legais.

Estudantes : Uau!

Diálogo avançado

Saki : Ah, que bonitinho!

Kenta : Você gosta desse tipo de coisa, é?

Saki : Não posso gostar?

Kenta : É que não combina com você.

Saki : E o que é que tem?

E você, não vai comprar nada?

Kenta : **É que eu já vim para Quioto várias vezes.**

Saki : Então, não está chato para você?

Kenta : É que vir com todos também é divertido.

Amiga : Saki, vamos!

Saki : Espere aí.

Kenta : Pode me ver isto, por favor?

第
20
課

경험을 말하다．　— 수학여행 —

기본 대화

사키 : 어디 갈까?

메구미 : 사키도 교토는 처음이니?

사키 : 응.

메구미 : 그렇구나.

사키 : 여기는 어때?

에린 : 아, **이 사진 본 적 있어.**

"아라시야마"?

사키 : 맞아. 잘 아네.

메구미 : 그 다음에, 여기는?

에린 : 어? "닌나지"다!

난 여기 가고 싶어요.

메구미 : 그렇구나.

에린 : 그 다음에 "텐류지".

그리고 "난젠지".

"토후쿠지", "다이고지"도 좋지~.

학생들 : 와아!

응용 대화

사키 : 어머, 귀여워.

겐타 : 그런 거 좋아하는구나!

사키 : 안돼?

겐타 : 이미지가 달라서…….

사키 : 뭐 어때.

넌 안 사?

겐타 : **난 교토에 몇 번 와 봤어.**

사키 : 그럼 재미없겠다.

겐타 : 다 같이 오면 그건 그런대로 재미있어.

친구들 : 사키야, 가자!

사키 : 잠깐만.

겐타 : 저기요. 이거 주세요.

叙述经验 — 修学旅行 —

基础篇

笑：嗳，决定去哪儿？

惠：你也是第一次去京都吧？

笑：嗯。

惠：是嘛。

笑：这里怎么样？

艾琳：啊，**这张照片我看过。**

是岚山？

笑：对。你知道得真多。

惠：还有，这儿呢？

艾琳：啊，是仁和寺！

我想去那儿。

惠：哎哟，是嘛……。

艾琳：另外，还有天龙寺，还有南禅寺。

对啦，东福寺，醍醐寺，也不错啊。

同学们：嗬！

应用篇

笑：这个真可爱。

健太：你对那种东西感兴趣？

笑：不可以吗？

健太：跟你给人的印象不同嘛。

笑：不一样就不一样呗。

你不买点儿什么吗？

健太：**京都我已经来过好几次了呀。**

笑：那你觉得挺没意思的喽？

健太：跟大家一起来又别有一番乐趣嘛。

女友：笑，走啦！

笑：等我一下。

健太：对不起，我要这个。

第
20
课

☆ CAN-DO のための大切な表現 ☆練習の答え
たい せつ　　ひょうげん　　れんしゅう　　こた

練習1.
れんしゅう

　1．日本語で手紙を書いたことがあります。
　　　に ほん ご　　て がみ　か

　2．高い山にのぼったことがあります。
　　　たか　やま

　3．海でおよいだことがあります。
　　　うみ

　4．外国へ旅行に行ったことがあります。
　　　がい こく　りょ こう　い

練習2.
れんしゅう

　1．（例）飲んだ
　　　　れい　の

　2．食べた
　　　た

　3．折った
　　　お

　4．見た
　　　み

　5．聞いた
　　　き

　6．した

　7．話した
　　　はな

　8．送った
　　　おく

第
20
課

第21課
だい   か

きそくをきく

― 余暇 ―
よ か

≪ことばをふやそう！≫「いろいろなしせつ」「看板」
かんばん

≪これは何？≫
なに

≪やってみよう≫「クレーンゲーム」

≪見てみよう≫「秋葉原」
み   あき は ばら

≪世界に広がる日本語≫「中国／日本語を使って働いている人」
せ かい ひろ   に ほん ご   ちゅうごく に ほん ご つか   はたら   ひと

 基本スキット

月曜だと
2泊3日ですね。

こちら新作なので、
480円になります。

あの、朝早く
かえすことは
できますか？

はい。
開店前は
入り口にある
返却ボックスに
入れてください。

わかりました。

おさらい **基本**スキット
きほん

店員：いらっしゃいませ。
てんいん

　　　会員カード、おあずかりします。
　　　かいいん

店員：会員証はお持ちですか？
てんいん　かいいんしょう　も

エリン：はい。

店員：ご返却は、いつになさいますか？
てんいん　へんきゃく

エリン：月曜日でおねがいします。
　　　　げつようび

店員：月曜だと２泊３日ですね。
てんいん　げつよう　はくみっか

　　　こちら新作なので、480円になります。
　　　　しんさく　　　　　　えん

エリン：あの、**朝早くかえすことはできますか？**
　　　　　あさはや

店員：はい。開店前は入り口にある返却ボックスに入れてください。
てんいん　かいてんまえ　いぐち　へんきゃく　い

エリン：わかりました。

108

CAN-DO

きそくをきく

┌─ ☆ CAN-DO のための大切な表現 ☆ ──────────────
│　　　　　たい せつ　　ひょう げん
│
│　朝早く、かえすことはできますか。
│　あさ はや
└───────────────────────────────────

☆ "きそくをきく" 言い方です。
　　　　　　　　　　　い　かた

《動詞の【じしょ形】》に「ことはできますか」をつけます。
　どう し　　　　けい

	ます形	じしょ形	ます形	じしょ形
	けい	けい	けい	けい
Ⅰ	いい**ます**	い**う**	た**ちます**	た**つ**
	と**ります**	と**る**	あそ**びます**	あそ**ぶ**
	よ**みます**	よ**む**	か**きます**	か**く**
	およ**ぎます**	およ**ぐ**	はな**します**	はな**す**
Ⅱ	み**ます**	み**る**	たべ**ます**	たべ**る**
Ⅲ	**き**(来)**ます**	**くる**	**します**	**する**

例1）この本をコピーすることはできますか。
れい　　ほん

例2）教室でお昼ごはんを食べることはできますか。
れい　きょうしつ　ひる　　　　た

☆答えはつぎのように言います。
　こた　　　　　　　　い

例1）学校でまんがを読むことはできますか。
れい　がっこう　　　　よ

　　　はい、できますよ。でも、授業中はだめですよ。
　　　　　　　　　　　　　　じゅ ぎょうちゅう

例2）じしょを持ち出すことはできますか。
れい　　　　も　だ

　　　いいえ。図書館の中で使ってください。
　　　　　　　としょかん　なか　つか

例3）カードではらうことはできますか。
れい

　　　すみません、現金でおねがいします。
　　　　　　　　　げんきん

練習
れんしゅう

p.114のしせつで、例のようにいろいろなきそくを聞きましょう。

例：| レンタルショップ |
れい

（朝早く、かえします）
あさはや

→すみません、朝早く、<u>かえすことはできますか</u>。
あさはや

| 動物園 |
どうぶつえん

1．動物にさわります　→
どうぶつ

2．えさをあげます　→

3．一度出て、もう一度入ります　→
いちど で　　　いちど はい

| 美術館 |
びじゅつかん

1．写真をとります　→
しゃしん

2．メモを書きます　→
か

3．携帯電話を使います　→
けいたいでんわ つか

| カラオケボックス |

1．料理を注文します　→
りょうり ちゅうもん

2．時間をえんちょうします　→
じかん

3．この割引券を使います　→
わりびきけん つか

☆「〜<u>こと</u>が<u>できます</u>」の表現は、能力について話すときも使います。
ひょうげん のうりょく はな つか
「できること」「できないこと」を話します。
はな

例1）私はピアノをひくことができます。
れい わたし

例2）母は日本の料理を作ることができます。
れい はは にほん りょうり つく

例3）兄は4か国語を話すことができます。
れい あに こくご はな

例4）いそがしくてなかなか手紙を書くことができません。
れい てがみ か

例5）弟は牛乳がきらいで、飲むことができません。
れい おとうと ぎゅうにゅう の

いろいろな使い方（つか　かた）

❶ボウリング場（じょう）で

客（きゃく）：すみません。

店員（てんいん）：はい。

客（きゃく）：子（こ）どもが6歳（さい）なんですけど、やることはできますか？

店員（てんいん）：できますよ。

この子（こ）ども用（よう）のボールをお使（つか）いください。

❷図書館（としょかん）で

女（おんな）の人（ひと）：この本（ほん）、借（か）りることはできますか？

図書館（としょかん）の人（ひと）：こちらの本（ほん）は借（か）りることができます。

こちらのマークがついているものは借（か）りることが

できません。

図書館（としょかん）の中（なか）でごらんください。

女（おんな）の人（ひと）：はい、わかりました。

❸まんが喫茶（きっさ）で

店員（てんいん）：いらっしゃいませ。

客（きゃく）：すみません。

食（た）べ物（もの）を持（も）ちこむことはできますか？

店員（てんいん）：はい、アルコール以外（いがい）は大丈夫（だいじょうぶ）です。

応用スキット
おうよう

かおる：だめだろう、マイバットなんて。

けんた：大丈夫だよ。
　　　　だいじょうぶ

かおる：見たことねーよ、自分のバット持って来るやつなんて。
　　　　み　　　　　　じぶん　　　　　　　も　　く

けんた：じゃあ、使っていいかどうか聞いてみようぜ。
　　　　　　　つか　　　　　　　　　　き

けんた：あのー、**このバット、使うことできますか？**
　　　　　　　　　　　　　　つか

係員：ええ。かまいませんよ。
かかりいん

けんた：ほら、やっぱ、いいじゃん。

けんた：やっぱり自分のバットはいい感じだよ。
　　　　　　　じぶん　　　　　　かん

かおる：どうかな…。

けんた：よし、来い！

かおる：バットがよくても、うでがこれじゃねえ。

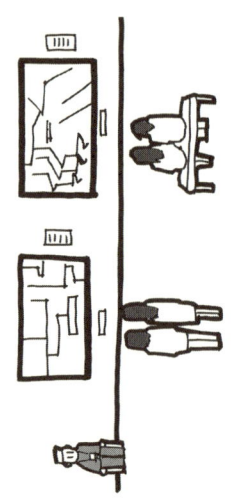

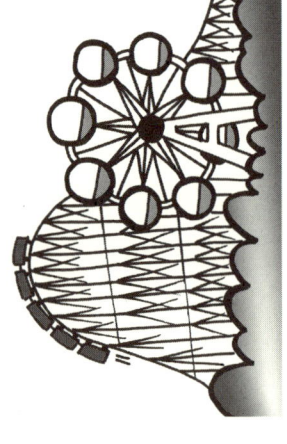

第21課

ことばをふやそう！

《ことばをふやそう！》
〈いろいろなしせつ〉

①動物園
どうぶつえん

②遊園地
ゆうえんち

③美術館
びじゅつかん

④ゲームセンター

⑤水族館
すいぞくかん

⑥カラオケボックス

第21課　ことばをふやそう！

〈看板〉
　かんばん

まんぷく食堂

営業時間　11：00～15：00

定休日：土・日

美容室　サラ

＜営業時間＞9：00～18：00
＜連絡先＞03（＊＊＊＊）＊＊＊＊
＜定休日＞火曜日

■駐車場あります

どうぶつ島の病院

診療時間

午前 9：00～12：00
午後 4：00～7：00
休診日：月曜・年末年始

なかよし図書館

■開館時間■
平日　　　　AM9：30～PM7：00
土・日・国民の祝日
　　　　　　AM9：30～PM5：00
■休館日■
第1月曜日
年末年始（12月29日～1月4日）

かいふく総合病院

★受付時間
午前8：00～11：30
★診療時間
午前 9：00～12：00
午後15：00～18：00
（土曜日は午前診療のみ）
★休診日
日曜・祝日

・開館（かいかん）
・平日（へいじつ）
・国民の祝日（こくみんのしゅくじつ）
・休館日（きゅうかんび）
・年末年始（ねんまつねんし）
・総合（そうごう）
・診療（しんりょう）
・休診日（きゅうしんび）
・営業時間（えいぎょうじかん）
・定休日（ていきゅうび）
・連絡先（れんらくさき）
・駐車場（ちゅうしゃじょう）

第21課

これは何？

お店でおもしろいものを見つけました。
何でしょうか？

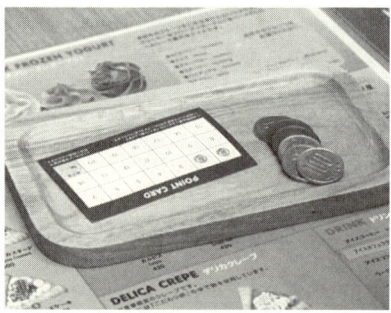

お金といっしょに
カードを出します。

お店の人がカードに
スタンプを押します。

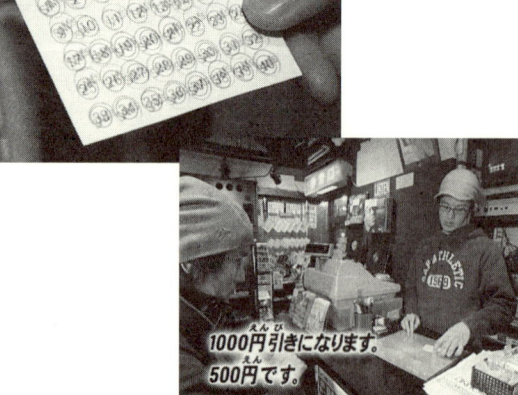

スタンプがいっぱいに
なったら、安くなったり、
プレゼントをくれたり
します。

116

●やってみよう●
「クレーンゲーム」

ナレーション：ここはゲームセンター。

いろいろなゲームがあります。

この「クレーンゲーム」は、日本の若い人たちに、特に人気があります。

クレーンを使って品物を取ります。

今日は、クレーンゲームに挑戦しましょう！

先生は、庄司千晴さんです。

17 年前にクレーンゲームを始めて、今まで 1000 個以上の品物を取りました。

　先生：それでは、クレーンゲームのあそび方をご説明します。

よろしくおねがいします。

みんな：よろしくおねがいします。

ナレーション：まず、クレーンの動かし方を見ましょう。

先生：1番と2番のボタンがあります。

1番のボタンでよこにクレーンゲームが動きます。

2番のボタンを押すと、おくに移動します。

そしてクレーンが下までおりて景品をつかみます。

うまく持ち上がってあなにおとせればゲットとなります。

はい、それでは、だれかやっていただきましょうか。

男の人1：じゃあ、ぼくがやります。

先生：はい。

男の人1：「1」を押すと…、

こう動いて。

あれ？　もっとあっち？

あー。

女の人1：おしい！

先生：うーん、おしいですね。

男の人1：ダメだ…。

女の人1：じゃあ、ピンクで。

男の人2：がんばれ！

みんな：おー！

女の人2：おしい！　おしい！

男の人1：これ、今、みんな取りたいんですけど。

先生：はい。

男の人1：これを取るには、どうしたら一番いいですか？

先生：そうですね、クレーンゲームの右がわのうでで、引っかけるように、なっ、

ねらっていくと…。

男の人1：右がわのうでで、引っかける…。

先生：そうですね、うまくかきだせると…。

男の人1：右だけ。

やってみよう「クレーンゲーム」

第21課

男の人2：お、引っかかる。

男の人1：おー。

女の人2：できた！

男の人2：あ、うまい！

男の人1：お、いいね。

女の人2：あー、できた。

　　先生：おめでとうございます。

男の人1：おー、できた、できた。

女の人2：やった！

ナレーション：それでは、クレーンゲームで勝負をしましょう。

　　　　　　ジャンケンのグーとパーで、チームを分けます。

　　　　　　パーのチームは、セントロフィル君とミチオ君。

　　　　　　グーのチームは、ミカエラさんとジェンさんになりました。

　　先生：先に2つぬいぐるみを取ったチームの勝ちとなりますので、始めて

　　　　　もらいましょう。

　　　　　よーい、スタート。

男の人1：どれをねらう？

女の人2：わたし、これ、取った。

　　　　　ぜったい取った。

　　　　　ゴーゴーゴー！

　　　　　やった！

　　　　　1個（も）取った！

男の人1：早い。

女の人2：よし、がんばれ！

男の人1：早い！

女の人1：オーケー！

　　　　　カモン。

女の人2：あ、いいね、いいね。

女の人1：がんばれ、がんばれ！

女の人2：あー、おしい！

女の人1：おしい。

男の人1：今がチャンス！

女の人2：じゃ、水色、行ってみる。

男の人1：あー、おしい。

女の人2：どうか、びみょー。

男の人1：向こうは真ん中をつかんでる。

女の人2：びみょー。

男の人1：あっ！

女の人2：取ったー！

男の人2：負けちゃっ…、

男の人1：うわー、かんぜんに負けた。

ナレーション：グーのチームが勝ちました。

女の人2：さいしょはすっごくむずかしかったんですけど、わかるようになったら、
　　　　　もうかんたんに取れるって感じはしました。

先生：えー、みなさん、すごくうまくなったと思いますので、これからも
　　　ぜひぜひあそんで、たくさんぬいぐるみとか取ってみてください。

男の人1：ありがとうございます。

みんな：ありがとうございます。
　　　　ありがとうございました。

●見てみよう●

「秋葉原」

ホニゴン：今日は、秋葉原の町を見てみよう。

エリン：楽しみー。

秋葉原は、電気製品で有名ですね。

ホニゴン：そうだね。

だから、いつもたくさんの人が買い物に来るんだ。

ホニゴン：まず、大きいお店に入ってみよう。

エリン：わあー、たくさんありますね。

ホニゴン：外国人のお客さんも多いね。

客：（お店も大きく品物もたくさんあってしんじられないです。）

121

ホニゴン：今度は小さいお店を見てみよう。

エリン：いろいろなお店があるんですね。

ホニゴン：でも秋葉原は、電気製品だけの町じゃないんだよ。

エリン：うん？

これは何？

ホニゴン：これは、フィギュア。

アニメキャラクターのおもちゃだよ。

それから、こんなお店もあるよ。

エリン：あー、コスプレのお店ですね！

男の人：ざったなしゅみがいろいろあるんで、ま、すごくいいんじゃないかなって。

いい町ですね。

ホニゴン：そして、最近、秋葉原は、ＩＴ産業の町にもなっているよ。

男の人：時代とともにすごくへんぼうしてきて、ひじょうにかのうせいをひめた町だと

思います。

エリン：秋葉原は、どんどんかわっているんですね。

世界に広がる日本語
「中国／日本語を使って働いている人」

ナレーション：ここは中国の首都、北京です。

北京は、古い文化と新しい文化がある町です。

ここは、中国国際放送局。

ラジオで国際放送をおこなっています。

こちらは日本語部です。

日本語の番組を制作しています。

今日は日本語ラジオ番組のアナウンサー、王丹丹さんを紹介します。

王さんたち：させしすせそささ、たてちつてとたと、なねにぬねのなの。

ナレーション：王さんの仕事は、毎朝、発声練習から始まります。

王さんたち：れろらりる、ろらりるれ。

せーの。

わいうえを、いうえをわ、うえをわい、えをわいう、をわいうえ。

王、朝倉：こんばんは。

王：そろそろお正月気分もぬけたころでしょうか。

ナレーション：王さんがたんとうしている「スポーツ中国」のしゅうろくです。

王：お正月明け、さいしょの「スポーツ中国」。

お相手の王丹丹。そして、

朝倉：朝倉裕之です。

今年もどうぞよろしくおねがいいたします。

王：よろしくおねがいします。

朝倉：はねつき、いいですからね。

王：日本だったら、はねつきだと思うんだけど、

朝倉：ええ、ええ、ええ、ちがう？

王：中国ははねつきもやるかもしれませんけど、

朝倉：やるかもしれないけど？

王：ええ、ええ、でもそんなにポピュ、ポピュラーじゃありませんよ。

朝倉：ああ、そうですか。

ナレーション：王さんは、中学生のころ、報道の仕事に興味を持ちました。

そして、大学で日本語を専攻しました。

王：**そつぎょうした当時はうまくしゃべれませんでした。ほんとに。**

ここに入局してから、あらためて勉強しはじめて、

毎日日本語を使ってるのもありますので、使っているうちに

自然におぼえてきているような気がします。

ナレーション：王さんには、車の中でよくすることがあります。

王：17日（じゅうしちにち）、17日。

27日（にじゅうしちにち）、27日、27日、27日。

ナレーション：苦手なことばの発音練習です。

王：18日（じゅうはちにち）、18日、18日、18日。

17日におこなわれた、17日におこなわれたテニスのダブルス、

テニスの世界選手権、テニスの…

ナレーション：ニュース番組のしゅうろくのために、読み方のしどうも受けます。

先生：「鳥インフルエンザ」、やってみようか。

王：「鳥インフルエンザ」ですか。

先生：うん、うん。

王：はい。

先生：これをまず、ないようを理解するために、自分でわかるように、ために
音読をしてほしいんだ。

王：はい。
鳥インフルエンザのウイルスの中にいてんしがへんかして…

先生：「いでんし（遺伝子）」ね。「いてんし」になってるよ。

王：いでんし（遺伝子）。

先生：「なって」ということについて「なて」っていうふうになってしまって
いるよ。

王：あ、なっているもの。

先生：そうだね。そういうところにちょっと気をつけて。

王：はい。はい。

先生：はんしょくしやすくなっているもの。

王：なっているもの。

先生：うん。

王：人のはなやのどで、ぞうしょくしやすくなっているものがあることを
はじめてかくにんした…。

ナレーション：アナウンサーには発音が大切です。
王さんは、毎日努力をつづけています。

ナレーション：最後に王さんの大好きな日本語を教えてもらいました。

王：「なせばなる」
いつもこのことばから力をもらっています。

Asking about Rules ― Leisure ―

Basic Skit

Clerk : Hello.
        May I please have your membership card?

Clerk : Do you have a members' card?
Erin : Yes.
Clerk : When would you like to return it?
Erin : On Monday, please.
Clerk : Monday... that will be two nights, three days.
        This is a new release, so that comes to 480 yen.
Erin : Ah... **could I return it early in the morning?**
Clerk : Yes. Before the shop opens, please put it in the return box by the entrance.
Erin : All right.

Advanced Skit

Kaoru : You can't bring your own bat.
Kenta : It should be OK.
Kaoru : I've never seen anyone bring their own bat.
Kenta : Well, then let's ask if we can use it.

Kenta : Umm... **is it all right to use this bat?**
Clerk : Sure. No problem.
Kenta : See? It's OK, like I thought.

Kenta : Just as I thought — your own bat is the best.
Kaoru : I doubt it...
Kenta : All right, give it to me!

Kaoru : The bat is fine, but your skill...

第
21
課

126

Perguntando sobre o regulamento — Lazer —

Diálogo básico

Balconista : Seja bem-vindo.
Por favor, o seu cartão de associado.

Balconista : Você tem o cartão de associado?
Erin : Sim.
Balconista : A devolução é para quando?
Erin : Para segunda-feira, por favor.
Balconista : Se for para segunda, são 3 dias e 2 noites.
Como este é um lançamento, são 480 ienes.
Erin : Por gentileza, **é possível devolver de manhã cedo?**
Balconista : Sim. Se for antes de abrirmos a locadora,
coloque na caixa para devolução que fica ao lado da entrada.
Erin : Entendi.

Diálogo avançado

Kaoru : Acho que vai dar problema usar o seu bastão.
Kenta : Sem problemas.
Kaoru : Nunca vi alguém trazer o próprio bastão.
Kenta : Então, vamos perguntar se posso usar ou não.

Kenta : Por gentileza, **é possível usar este bastão?**
Balconista : Sim, não há problema.
Kenta : Viu, eu não disse!

Kenta : Realmente, nada como usar o próprio bastão.
Kaoru : Será? ...
Kenta : Vamos lá, mande!

Kaoru : Não adianta ter um bom bastão, se joga deste jeito.

第
21
課

규칙을 듣다. ― 여가 ―

기본 대화

점원 : 어서 오세요.

　　　 회원 카드, 받겠습니다.

점원 : 회원증을 가지고 계십니까?

에린 : 네.

점원 : 반환은 언제 하시겠습니까?

에린 : 월요일이요.

점원 : 월요일이면 2 박 3 일이네요.

　　　 이건 신작이라서 480 엔입니다.

에린 : 저어, **아침 일찍 반환해도 됩니까?**

점원 : 네, 개점 전에는 입구에 있는 반환 박스에 넣어 주세요.

에린 : 알겠습니다.

응용 대화

가오루 : 자기 야구 방망이 가지고 들어가는 거는 안되지 않아?

　겐타 : 괜찮아.

가오루 : 자기 야구 방망이 가지고 오는 사람 본 적 없어.

　겐타 : 그럼 써도 되는지 물어 보자.

　겐타 : 저어, **이 야구 방망이 써도 돼요?**

담당자 : 네, 괜찮아요.

　겐타 : 거 봐. 괜찮지.

　겐타 : 역시 자기 게 좋아.

가오루 : 글쎄다……

　겐타 : 자, 와 봐!

가오루 : 방망이가 좋아도 실력이 그 정도밖에 안 되면……

询问规定　— 业余时间 —

基础篇

店员：欢迎光临。
　　　请给我您的会员证。

店员：有会员证吗？
艾琳：有。
店员：什么时候还呢？
艾琳：我想星期一来还。
店员：星期一还的话，是三天两夜。
　　　这是新片，所以租费是 480 日元。
艾琳：请问，**一大早来还行吗**？
店员：可以。开门前来还时，请投入门口的归还箱里。
艾琳：知道了。

应用篇

　熏：不行吧？　用自己的球棒。
健太：没事儿的。
　熏：我可没见过有人拿自己的球棒来。
健太：那我问问能不能用吧。

健太：请问，**能用这个球棒吗**？
店员：可以，没关系的。
健太：你看，我说能用吧。

健太：还是自己的球棒感觉不错啊。
　熏：这可说不准。
健太：好嘞，来吧！

　熏：球棒再好，接球水平如此又有什么用呢。

☆ CAN-DO のための大切な表現 ☆練習の答え
たいせつ　ひょうげん　れんしゅう　こた

練習
れんしゅう

動物園
どうぶつえん

1. 動物にさわることはできますか。
　どうぶつ
2. えさをあげることはできますか。
3. 一度出て、もう一度入ることはできますか。
　いちど で　　　　　いちど はい

美術館
びじゅつかん

1. 写真をとることはできますか。
　しゃしん
2. メモを書くことはできますか。
　　　か
3. 携帯電話を使うことはできますか。
　けいたいでんわ つか

カラオケボックス

1. 料理を注文することはできますか。
　りょうり ちゅうもん
2. 時間をえんちょうすることはできますか。
　じかん
3. この割引券を使うことはできますか。
　　わりびきけん つか

第22課
だい か

こまったことを話す
はな

― トラブル ―

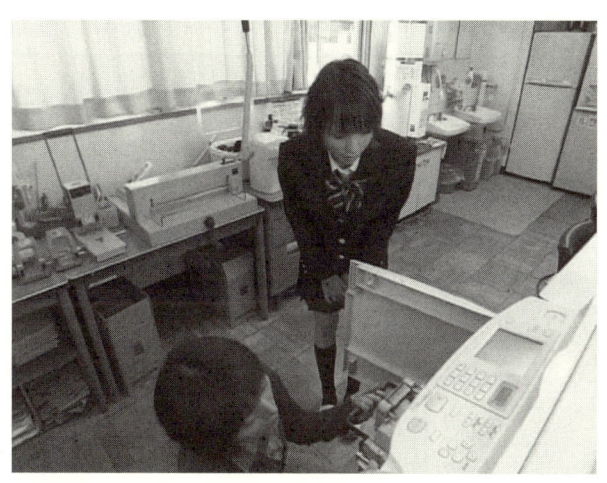

≪ことばをふやそう！≫「非常事態」「いろいろなマーク」
ひ じょう じ たい

≪これは何？≫
なに

≪やってみよう≫「火の用心」
ひ ようじん

≪見てみよう≫「防災訓練」
み ぼうさいくんれん

≪世界に広がる日本語≫「フランス／日本語を勉強している高校生」
せ かい ひろ に ほん ご に ほん ご べんきょう こうこうせい

まんが 基本スキット

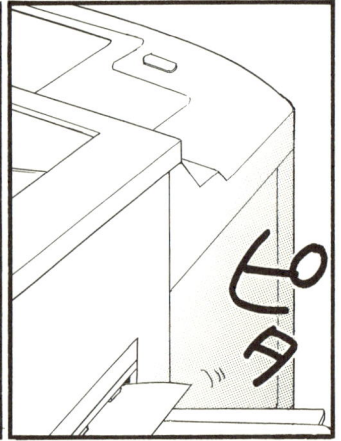

ⓄⓈⓁⒾ 基本スキット
きほん

エリン：失礼します。
　　　　しつれい

　先生：どうしたの？
　せんせい
エリン：**コピー機が止まってしまいました。**
　　　　　　き　　と
　先生：ちょっと見せて。
　せんせい　　　　み
　　　　あー、中に紙がひっかかってるね。
　　　　　　なか　かみ

　先生：はい。これで大丈夫。
　せんせい　　　　　　だいじょうぶ
エリン：ありがとうございます。

　先生：まだ、だめねえ。
　せんせい
　　　　そういう時は…。
　　　　　　　とき
エリン：あ、なおりました！

CAN-DO

トラブルを説明する

┌─ ☆ CAN-DO のための大切な表現 ☆ ──────────┐

コピー機が止まってしまいました。

└────────────────────────────────────┘

☆ "トラブルを説明する" 言い方です。

《動詞の【て形】》に「しまいました」をつけます。

《動詞の【て形】》は下のように作ります。

	ます形	て形	ます形	て形
I	いいます	いって	たちます	たって
	とまります	とまって	とびます	とんで
	よみます	よんで	しにます	しんで
	かきます	かいて	おとします	おとして
II	みます	みて	ねます	ねて
	おくれます	おくれて	まちがえます	まちがえて
III	き(来)ます	きて	します	して

例1）さいふをおとしてしまいました。　　例2）かぜをひいてしまいました。

☆会話では、「ちゃった」をよく使います。

おとしちゃった（←おとしてしまいました）

まちがえちゃった（←まちがえてしまいました）

こわしちゃった（←こわしてしまいました）

練習 1

例のようにトラブルを言いましょう。

例：コピー機が止まります。

→コピー機が止まってしまいました。

135

1．宿題をわすれます。
　しゅくだい
　→

2．電車におくれます。
　でんしゃ
　→

3．コップをわります。
　→

4．かぎをなくします。
　→

5．アルバイトのお給料をぜんぶ使います。
　　　　　　　きゅうりょう　　　　つか
　→

6．夜おそくまでテレビを見ます。
　よる　　　　　　　　　　み
　→

練習 2
れん　しゅう

日記を読んで、例のように書いてください。
にっき　よ　　れい　　　　か

今日はトラブルばかりの一日でした。朝、電車で定期券を<u>おとして</u>
きょう　　　　　　　　　　　いちにち　　あさ　でんしゃ　ていきけん　　　　　　
　　　　　　　　　　　　　　　　　　　　　　　　（おとします）

しまいました。学校では、数学のテストで 30 点を＿＿＿＿＿＿
　　　　　がっこう　　すうがく　　　　　　てん　　　（とります）

しまいました。帰りは、近くの駅で事故があって、電車がしばらく
　　　　　　かえ　　ちか　えき　じこ　　　　　でんしゃ

＿＿＿＿＿＿＿しまいました。それで、＿＿＿＿＿しまいました。
（止まります）　　　　　　　　　　　　　（ねます）
　と

私の駅に着いて、目がさめました。急いでおりたから、かさを
わたし　えき　つ　　　め　　　　　　　いそ

＿＿＿＿＿＿＿しまいました。あしたは、いい一日にしたいです。
（わすれます）　　　　　　　　　　　　　いちにち

いろいろな使い方
つか　かた

❶掲示板で
けい　じ　ばん

子ども：これ、なんて書いてあるの？
こ　　　　　　　　　　　か

お母さん：うん？
かあ

　　　　　　ああ、「この犬がいなくなってしまいました。」…って。
　　　　　　　　　　いぬ

子ども：にげちゃったの？
こ

お母さん：んー、にげちゃったのかなあ。
かあ

❷クリーニング店で
てん

客：こんにちは。
きゃく

店員：はい、いらっしゃいませ。
てん　いん

客：これ、しみをつけてしまったんですけど。
きゃく

店員：はい。
てん　いん

客：おちますか？
きゃく

店員：そうですね。
てん　いん

　　　　これでしたらば、あの、大丈夫だと思いますが。
　　　　　　　　　　　　　　　　だいじょう ぶ　　　おも

客：ああ、よかった。
きゃく

❸家で
いえ

男の人：あ！
おとこ　ひと

女の人：どうしたの？
おんな　ひと

男の人：中身もいっしょに切っちゃった。
おとこ　ひと　なか み　　　　　　　　き

女の人：あーあ、何やってんの。
おんな　ひと　　　　なに

　　　　あ、でもまだ読めるからいいかな。
　　　　　　　　　　　よ

応用スキット
おう よう

さき：すいません。

警官：はい？
けい かん

さき：あの…**おさいふ、おとしちゃったんですけど。**

　　　とどいてませんか？

警官：どのあたりで、おとしたんですか？
けい かん

さき：たぶん、駅前だと思うんですけど。
　　　　　 えき まえ　　 おも

警官：どんなさいふですか？
けい かん

さき：このくらいの大きさで、赤くて、小銭しか入ってないんですけど。
　　　　　　　　　 おお　　　　 あか　　　 こ ぜに　　 はい

警官：ああ。これかな？
けい かん

さき：あ、それです！

めぐみ：よかったね、見つかって。
　　　　でも、そんなさいふ、持ってたっけ？
さき：う、うん。人にもらったんだ。

第22課

《ことばをふやそう！》

ことばをふやそう！

〈非常事態〉
（ひ じょう じ たい）

〈いろいろなマーク〉

携帯電話禁止
（携帯電話を使わないでください）

優先席
（席をゆずってください）

マナーモードにしてください

さわらないでください

飲食禁止
（食べたり飲んだりしてはいけません）

立ち入り禁止
（入らないでください）

禁煙
（たばこをすってはいけません）

第22課　ことばをふやそう！

141

家でおもしろいものを見つけました。
何でしょうか？

リュックサックです。

中には、いろいろなものが
入っています。
水、食べ物、ラジオ、
かいちゅうでんとう…。

防災用具！
火事や地震の時、これを
持ってひなんします。

●やってみよう●

「火の用心」
ひ　ようじん

ナレーション：日本では、冬の夜、人々が夜まわりをします。
　　　　　　　にほん　　ふゆ　よる　ひとびと　よ

　　　　　　　「火の用心」と言いながら、町を歩きます。
　　　　　　　ひ　ようじん　い　　　　　まち　ある

　　　　　　　「火事に注意してください。」という意味です。
　　　　　　　か　じ　ちゅうい　　　　　　　　　　い　み

　　　　　　　今日は、この夜まわりに挑戦しましょう。
　　　　　　　きょう　　　　よ　　　　　ちょうせん

　　　　　　　先生は、消防団の米山保さんです。
　　　　　　　せんせい　しょうぼうだん　よねやまたもつ

　　先生：よろしくおねがいします。
　　せんせい

　みんな：よろしくおねがいします。

　　先生：はい、みなさん、これ、何だかわかりますか。
　　せんせい　　　　　　　　　　　　　　なん

　　　　　これは、あのう、「拍子木」って言いまして、火の用心の火の始末を
　　　　　　　　　　　　　　ひょうしぎ　　い　　　　　ひ　ようじん　ひ　しまつ

　　　　　ちゃんとしてもらうっていう、気をつけてもらうってことで、これ、
　　　　　　　　　　　　　　　　　　き

　　　　　用心のためにたたきます。
　　　　　ようじん

143

ナレーション：では、まず、拍子木のたたき方を練習しましょう。

先生：あたしがさいしょにたたいてみますから、それを見て、おぼえてください。

よろしいですか。

女の人1：はい。

先生：じゃ、1回、ひ、1人ずつちょっとやっていただけますか。

い、今の調子で。

先生：これでおさえてて、ほいで、これ、こうやれば。

うん、さっきよりいい音だ、うん。

先生：普通こう首に巻いて、これ、こうやって行きゃ、ほら、両手が楽でしょ。

女の人1：ああ。

先生：ん。

そうそう。ん。そのほうが楽でしょ。

こう、手が使えるから、ね。

ナレーション：つぎに、かけ声の練習をしましょう。

先生：見といてください。

火の用心！

少し時間をおいてから、また、同じことをくりかえします。

火の用心！

はい、これですね。

「火の用心」っていう意味は、火の始末をしなさいって意味ですから。

女の人1：じゃ、やってみます。

先生：はい。

女の人1：火の用心！

先生：そうだね、はい。

女の人1：はい。

男の人1 ：火の用心！

先生 ：はい、そう、いいです、はい。

こんだ、みんないっしょに声出してやってみましょう。

じゃ、いいですか。　　　　　　　　　　　　　＊こんだ＝今度は

みんな ：はい。

先生 ：たたきますよ。

みんな ：火の用心！

火の用心！

先生 ：はい、いいですね。

じゃ、みなさん、ほんと、さっ、たたくのはじょうずになったんで、

これから、あの、外に出て、あのう、まわりますんで、

よろしくおねがいします。

先生 ：はい、がんばりましょう！

みんな ：はい。

ナレーション ：町の人たちといっしょに夜まわりに出発します。

みんな ：火の用心！

火の用心！

火の用心！

火の用心！

火の用心！

女の人1 ：はじめてなんで（すから）、すごく楽しくて、でも、むずかしいんですよ。

寒いし、なんか、手もいたいし、でもこれやって、楽しかったです。

先生 ：はい。今日はみんな元気な声で、ほんとにありがとうございました。

よくできました。

どうもありがとうございます。

みんな ：どうもありがとうございました。

●見てみよう●
「防災訓練」

エリン：あっ、火事ですか？

ホニゴン：いや、これは防災訓練だよ。

エリン：「訓練」…ですか。

ホニゴン：日本では、地域や学校、会社などで、いろいろな防災訓練をしているんだ。
今日は、ここで防災訓練の体験をしよう。

ホニゴン：このへやでは、火を消す訓練ができるよ。
エリン、これ見たことある？

エリン：あ、あります！

ホニゴン：これは「消火器」だね。
学校やビルの廊下にもあるね。
じゃあ、使い方を見てみよう。

みんな：火事だー！

ホニゴン：ホースをしっかり持って、火の下をねらうんだよ。

エリン：あっ、消えた！

ホニゴン：じょうずだったねえ。

エリン：ここは、何のへやですか？

ホニゴン：このへやでは、地震の時の訓練ができるんだ。

ちょっと、見てみよう。

エリン：わっ、地震だ！

ホニゴン：火を消しているね。

エリン：ドアを開けるんですね。

ホニゴン：みんな、テーブルの下にかくれるよ。

そして、ゆれが終わるのを待つんだ。

あわてて外に出たら、あぶないからね。

エリン：終わりましたね。

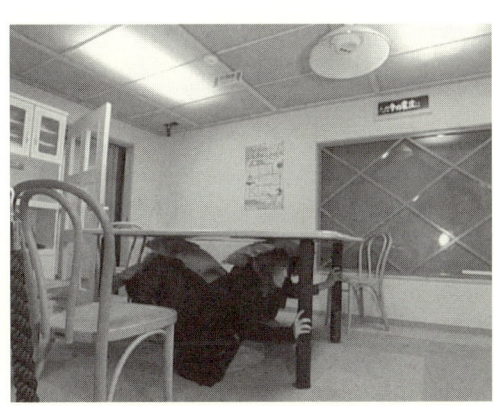

ホニゴン：消火訓練や地震の訓練。みんなよくできたねえ。

エリン：今度、私もやってみます！

世界に広がる日本語
「フランス／日本語を勉強している高校生」

ナレーション：ここはフランス第2の都市、リヨンです。

　　　　　　　リヨン市内にあるアンペール高校。

　　　先生：「むかしむかし、あるところに」と書いてあるから…

ナレーション：この学校では 100 人以上の学生が日本語を勉強しています。

　　　　　　　授業では、文化やむかし話を通してことばを学びます。

　　　先生：暗くなるということではなくて、

　　　　　　　大きなくもが少しずつあらわれてきます。

　　学生たち：♪さくら、さくら、やよいの♪

ナレーション：学校では、毎年、日本の文化をテーマにした発表会があります。

　　　学生：寒そうだな。

　　　　　　　かさでもかぶしてあげようかね。

148

ナレーション：今年も、学生たちが、その練習をしています。

　学生たち：（…4、5、6、7、8。1、2、3、4、5、6、7…。）

ナレーション：これはぼんおどりです。

ナレーション：こちらはオリビエ君。

　　　　　　2年前に日本語の勉強を始めました。

　オリビエ：あー、むずかしい！

　　　　　　いいえ、だめだ！　だめだ！

ナレーション：オリビエ君はよくテレビゲームをします。

　　　　　　好きなゲームは日本のゲームです。

　　　　　　辞書を使って、ゲームのことばをしらべます。

　オリビエ：「追いかける」の漢字でした。

　オリビエ：フランスの文化と世界中で一番ちがうのが日本だと思います。

　　　　　　新しい世界を見てみたかったので、んー、日本語の勉強を始めました。

ナレーション：オリビエ君は半年前、はじめて日本へ行きました。

　　　　　　そして、いろいろな人たちと出会いました。

　オリビエ：日本に行く前は、日本人はつめたい人たちだと思っていました。

　　　　　　でも、そのイメージがかわりました。

　　　　　　日本人はとても思いやりのある人たちでした。

ナレーション：オリビエ君に大好きな日本語を聞きました。

　オリビエ：ぼくの好きな日本語は「いらっしゃいませ」です。

　　　　　　日本に行ってはじめてこのことばを聞いたとき「いらっしゃいません。」

　　　　　　と言っていると思ってびっくりしました。

　　　　　　でも、本当は日本人らしい思いやりのあることばだとわかりました。

第22課　世界に広がる日本語「フランス」

149

Explaining Problems　— Trouble —

Basic Skit

Erin : Excuse me.

Teacher : What's wrong?
Erin : **The copier has stopped.**
Teacher : Let me see.
　　　　　Ah. A piece of paper is stuck inside.

Teacher : OK. This should do it.
Erin : Thank you very much.

Teacher : Still no good.
　　　　　When that happens...
Erin : Ah, it's fixed!

Advanced Skit

Saki : Excuse me.
Officer : Yes.
Saki : Um... **I've lost my purse**, and I'm wondering if anyone has turned it in.
Officer : Where did you lose it?
Saki : I think it was probably in front of the station.
Officer : What does it look like?
Saki : About this big, red, and it only has coins in it.
Officer : Oh. Is this it?
Saki : Ah! That's it!

Megumi : It's a good thing you found it.
　　　　　But, I don't remember you having a purse like that...
Saki : Ah, yeah. Someone gave it to me.

第22課

150

Falando sobre problemas — Problema —

Diálogo básico

Erin : Com licença.

Professora : O que houve?
Erin : **A máquina copiadora parou.**
Professora : Deixe-me dar uma olhada.
Ah, tem um papel emperrado lá dentro.

Professora : Ok. Agora está tudo bem.
Erin : Muito obrigada.

Professora : Ainda não está funcionando, né?
Quando é assim...
Erin : Ah, funcionou!

Diálogo avançado

Saki : Por gentileza.
Policial : Pois não?
Saki : **Eu perdi minha carteira**... ninguém a entregou?
Policial : Onde mais ou menos você a perdeu?
Saki : Acho que foi na frente da estação de trem.
Policial : Que tipo de carteira é?
Saki : É mais ou menos deste tamanho, vermelha e só tinha alguns trocados dentro.
Policial : Ah. Não é esta?
Saki : Oh sim, é essa!

Megumi : Que bom que você a encontrou.
Mas ué, você tinha uma carteira como essa?
Saki : É... Eu ganhei de uma pessoa.

第22課

곤란한 일을 얘기하다. ― 트러블 ―

기본 대화

에린 : 실례합니다.

선생님 : 왜 그러니?
에린 : **복사기가 멈췄어요.**
선생님 : 잠깐 볼까?
　　　　아, 안에 종이가 걸렸네.

선생님 : 자! 이제 됐다.
에린 : 감사합니다.

선생님 : 아직 안 되니?
　　　　그럴 땐…….
에린 : 어! 이제 돼요.

응용 대화

사키 : 저기요.
경관 : 네?
사키 : 저어, **지갑을 잃어버렸는데요.**
　　　　신고된 거 없어요?
경관 : 어디서 잃어버렸습니까?
사키 : 아마 역 앞인 거 같아요.
경관 : 어떤 지갑입니까?
사키 : 이 정도 크기에, 빨간 색이고 동전밖에 안 들어있지만…….
경관 : 아~, 이거 아닌가?
사키 : 어머, 그거예요.

메구미 : 찾아서 잘됐다.
　　　　근데 그런 지갑 있었어?
사키 : 으응, 누구한테서 받았어.

感到为难时的说法　— 遇到麻烦事 —

基础篇

艾琳：失礼了。

老师：怎么了？
艾琳：**复印机不动了。**
老师：让我看看。
　　　噢，纸卡在里面了。

老师：好了。这样就能用了。
艾琳：谢谢！

老师：还不行啊。
　　　出现那种情况时……
艾琳：啊，好了！

应用篇

笑：对不起。
警察：什么事？
笑：那个……**我的钱包丢了。**
　　　有没有人交到这里来？
警察：你在什么地方丢的？
笑：我觉得大概是在车站前吧。
警察：是什么样的钱包？
笑：大概有这么大，红色的，里面只有一些零钱。
警察：噢，是这个吧？
笑：啊，是，是！

惠：钱包找到就好了。
　　　不过，那个钱包，你以前就有的吗？
笑：哎，嗯。是别人给的。

第22課

☆ CAN-DO のための大切な表現 ☆練習の答え

練習1.

1. 宿題を<u>わすれてしまいました</u>。
2. 電車に<u>おくれてしまいました</u>。
3. コップを<u>わってしまいました</u>。
4. かぎを<u>なくしてしまいました</u>。
5. アルバイトのお給料をぜんぶ<u>使ってしまいました</u>。
6. 夜おそくまでテレビを<u>見てしまいました</u>。

練習2.

とります→<u>とって</u>

止まります→<u>止まって</u>

ねます→<u>ねて</u>

わすれます→<u>わすれて</u>

友だちをさそう
とも
― 遊園地 ―
ゆうえんち

≪ことばをふやそう！≫「遊園地」「チケット」
ゆうえんち

≪これは何？≫
なに

≪やってみよう≫「プリントシール」

≪見てみよう≫「休日の公園」
み きゅうじつ こうえん

≪世界に広がる日本語≫「ロシア／日本語を使って働いている人」
せかい ひろ にほんご にほんご つか はたら ひと

まんが 基本スキット

よーし、つぎ、何、乗る？

えー。
観覧車は？

えー、
そんなの
つまんない
よー。

じゃあ、何が
いいんだよ？

あれに
乗ろう。

ど——ん

お、
いいねー！

ぎょっ

基本スキット
き ほん

けんた：おー。

さき：これ、楽しい！
たの

さき：よーし、つぎ、何、乗る？
なに の

けんた：えー。

観覧車は？
かん らん しゃ

さき：えー、そんなのつまんないよー。

けんた：じゃあ、何がいいんだよ？
なに

エリン：**あれに乗ろう。**
の

さき：お、いいねー！

さき：ドキドキするね。

エリン：健太君、大丈夫？
けん た くん だいじょう ぶ

けんた：う、うん！

エリンちゃんこそ、なくなよ！

さき、エリン：あ、あー。

けんた：た、たすけてーっ！

CAN-DO

友だちをさそう
とも

┌─ ☆ CAN-DO のための大切な表現 ☆ ─────────────
たい せつ　　ひょう げん

あれに乗ろう。
の
└──────────────────────────────────────

☆ "さそう" 言い方です。
い　かた

《動詞の【う・よう形】》を使います。
どう し　　　　　　けい　　つか

Ⅱグループの動詞は、「ます」をとって「よう」をつけます。
どう し

Ⅰグループの動詞は「う」を使って、Ⅲグループの動詞は「よう」を使って、
どう し　　　　　つか　　　　　　　　　どう し　　　　　つか

下の表のように作ります。
した ひょう　　つく

	ます形	う・よう形	ます形	う・よう形
	けい	けい	けい	けい
Ⅰ	い**います**	い**おう**	ま**ちます**	ま**とう**
	の**ります**	の**ろう**	あそ**びます**	あそ**ぼう**
	よ**みます**	よ**もう**	き**きます**	き**こう**
	いそ**ぎます**	いそ**ごう**	はな**します**	はな**そう**
Ⅱ	**みます**	**みよう**	たべ**ます**	たべ**よう**
Ⅲ	**き(来)ます**	**こよう**	**します**	**しよう**

例1）映画に<u>行こう</u>。
れい　えい が　い

例2）いっしょに<u>食べよう</u>。
れい　　　　　　た

☆ていねいな言い方では、動詞の【ます形】の「ます」を「ましょう」に
い　かた　　　　　どう し　　けい
します。

例1）映画に<u>行きましょう</u>。
れい　えい が　い

例2）いっしょに<u>食べましょう</u>。
れい　　　　　　た

練習
れんしゅう

例のように言いましょう。

例：あれに乗ります

→（友だちに）あれに乗ろう。

（ていねいな言い方で）あれに乗りましょう。

1．コンビニで買います

→（友だちに）

（ていねいな言い方で）

2．もう少し待ちます

→（友だちに）

（ていねいな言い方で）

3．だれかに聞きます

→（友だちに）

（ていねいな言い方で）

4．駅まで急ぎます

→（友だちに）

（ていねいな言い方で）

5．つくえをならべます

→（友だちに）

（ていねいな言い方で）

6．あしたも来ます

→（友だちに）

（ていねいな言い方で）

7．今度の日曜日、パーティーをします

→（友だちに）

（ていねいな言い方で）

いろいろな使い方

❶みやげ物店で

男の人：干物、おいしそうだな。

女の人：ほんとうだ、おみやげ、買おうか？

男の人：うまそうだなあ。

　店員：いろいろつめ合わせ、できますので…。

❷部活で

先輩（卒業生）1：つかれたな。

先輩（卒業生）2：あー、つかれた。

先輩1：おい、めし食いに行こうぜ。

後輩1：え、おごりですか？

先輩1：いいよ。

後輩2：あ、じゃ、ぼくもおごってもらって
　　　　いいですか？

先輩1：いいよ。

後輩2：あ、マジすか。ありがとうございます。

先輩1：ほら、もっと食えよ。

後輩1：はい。

後輩2：あ、いただきます。

後輩1：いただきます。

先輩1：やけてるよ。

後輩2：はい、いただきます。

❸公園で

子ども：イヤッホー！

子ども：じん君、いっしょにかんけりしよう。

子ども：うん、いいよ。
　　　　じゃ、行こう。

応用スキット
おう よう

映画館の人：ごゆっくりどうぞ。
えい が かん　ひと

さきの母：咲と映画に来るの、ひさしぶりね。
　　はは　さき えい が　く
　　さき：何言ってんの、この間もつきあったでしょ、恋愛もの。
　　　　なに い　　　　あいだ　　　　　　　　　れん あい
さきの母：そうだっけ。
　　はは

　　さき：あ！
　めぐみ：あ！
　　さき：いいなあ、私は母親と2人なのに。
　　　　　　　　わたし ははおや　ふたり
　　　　　話は今度、ゆっくり聞くね。
　　　　　はなし こん ど　　　　　き
　　　　　行こう。
　　　　　い

めぐみ：どうしよう。

かおる：そんなにこまること？

めぐみ：そうじゃないけど…

　　　　心のじゅんびとかしてなかったから。

かおる：大丈夫だよ。

　　　　さ、早く、飲み物、買いに行こう。

かおる：心配すんなって。

《ことばをふやそう！》

〈遊園地〉

ことばをふやそう！

第23課

お化け屋敷

ジェットコースター

観覧車

チケット売り場

ゆうえんち

レストラン・軽食

レストラン

〈チケット〉

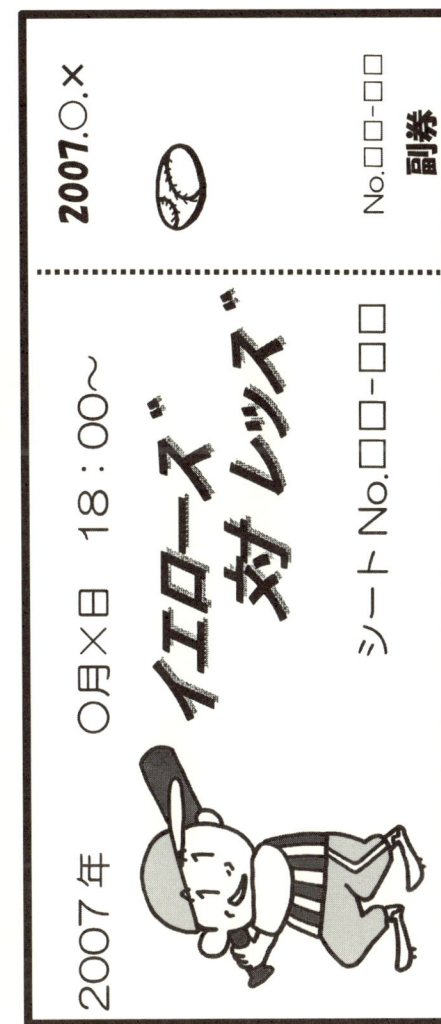

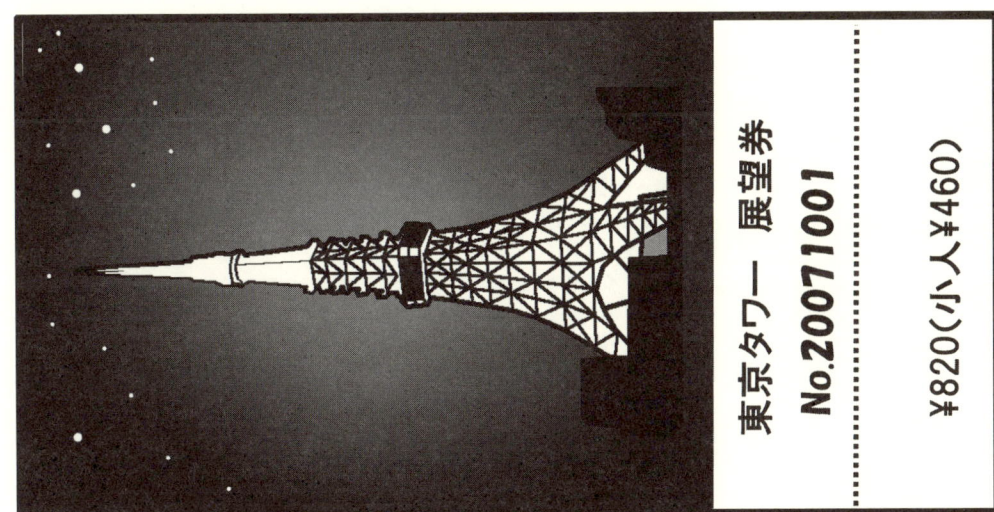

遊園地でおもしろいものを見つけました。
何でしょうか？

みんな、何か持っています。

服にはったり
くつに入れたり
します。

カイロです。
寒い時に使います。

●やってみよう●
「プリントシール」

第
23
課

や
っ
て
み
よ
う
「
プ
リ
ン
ト
シ
ー
ル
」

ナレーション ：今、若い人たちに「プリントシール」が人気です。

写真をとってらくがきをしたり、もようをつけたりしてからシールを
作ります。

今日は、プリントシールであそんでみましょう。

先生は、高校2年生の高平成美さん。

これは、先生のプリントシール。

1枚1枚、ノートにはって、集めています。

先生 ：今日は、みなさんでプリントシールに挑戦してみましょう。

よろしくおねがいします。

生徒 ：よろしくおねがいします。

先生：では、まずさいしょに、場所の説明をします。

　　　あちらのほうのブースなんですけども、あちらで写真をさつえいします。

　　　で、こちらで写真をさつえいしたものを、こちらのブースで、らくがきの

　　　ブースなんですけども、写真にらくがきをします。

ナレーション：まず、写真のとり方を見てみましょう。

　　　先生：こちらがまずさいしょにカメラのほうになります。

　　　こちらのほうに目線をむけてください。

　　　こちらでさつえいしたものがこちらのモニターにうつります。

ナレーション：お金を入れて、さつえいコースをえらびます。

　　　先生：今日は一番シンプルな「キレかわ」というものをえらんでさつえいします。

ナレーション：「キレかわコース」は、きれいでかわいいシールができます。

　　　そして、好きなはいけいをえらんでさつえいします。

　　　写真は、数枚とることができます。

　　　いろいろなはいけいやいろいろなポーズでとってみましょう。

第23課

やってみよう「プリントシール」

ナレーション：写真ができました。

つぎに、この上にらくがきをしてみましょう。

先生：じゃあ、今日は、ペン①の赤を使って。

これでたとえばこちらの文字を消したい時は、この「ひとつ戻る」という

ボタンを押すと、消すことができます。

で、こちらの「消しゴム」というボタンを押して、消しゴムで消すことも

できます。

ナレーション：もようでかざりをつけることもできます。

先生：できました。

こちらになりまーす。

こんな感じになります。

それでは、つぎは、みなさんだけで、挑戦してみましょう。

では…。

男の人：じゃあ、これとこれだ。

女の人：じゃあ、私が。

女の人：んと、何にする？

男の人：「ぶっとび」？

女の人：「ぶっとび」？

女の人：えー。

女の人：どっち？　ふわふわ？

先生：もっと、カメラによって。

女の人：あ、カメラに…。

先生：アップで。

女の人：できた？

男の人：できた。

ナレーション：つぎは、らくがきです。

女の人：かわいい、これ。

男の人：はい、つぎ。

先生：で、これをえらんで、ここに、もう1個置くとかわいいかも。

男の人：こういう感じ？

先生：そういう感じ。

オーケー、オーケー。

男の人：おお、出てきた。

男の人：見せて。

女の人：見せて。

女の人：これ一番いいじゃん。

ナレーション：とてもじょうずにできました。

プリントシールに挑戦して、楽しかったことは、何ですか？

男の人：いやー、**みんなといっしょに、写真がとれたことかな。**

先生：これからも、またがんばってください。

もっとうまくなるように。

じゃあ、今日は、これで終わりにします。

ありがとうございました。

みんな：ありがとうございました。

●見てみよう●
「休日の公園」
きゅうじつ　こうえん

ホニゴン：今日は休日の公園を見てみよう！
　　　　　きょう　きゅうじつ　こうえん　み

　エリン：みんな何をしてるのかな？
　　　　　　　　なに

ホニゴン：ここは東京の代々木公園。
　　　　　　　とうきょう　よよぎこうえん

　　　　　天気がいい休日は、たくさんの人でにぎわいます。
　　　　　てんき　　きゅうじつ　　　　　　ひと

　　　　　大きな広場があります。
　　　　　おお　ひろば

　　　　　ああ、おべんとうを食べている人たちがいます。
　　　　　　　　　　　　　た　　　ひと

　エリン：たこあげをしている人もいますね。
　　　　　　　　　　　　　ひと

ホニゴン：この人たちは？

エリン：何をしているんですか？

男の人：ダ、ダンスの練習。

女の人：ダンスの練習です。

男の人：はい。

女の人：はい。

みんな：ワン、ツー…。

ホニゴン：自分たちでダンスを考えているんだね。

エリン：楽しそう！

エリン：わあ、人がたくさん集まっていますね！

ホニゴン：ここではフリーマーケットが開かれています。

若い人たちがお店を出しています。

女の人１：お家から持ってきた（お）洋服を売ってます。

女の人２：300 円とか 100 円とかです。

エリン：へえー、安いですね。

エリン：あ、音楽！

ホニゴン：自分たちで作った音楽をえんそうしているんだ。

男の人：自分たちもやってて元気になれて、きいて いる 人も元気になれる音楽を、
まあ、中心にやっていこうと 思います ね。
♪なみだこほる、ひびけば遠く、あのかねの音がする、ラジオ止めて…♪

エリン：元気な音楽、いいですね！

ホニゴン：休日の公園、みんな楽しんでいます。

男の人：♪夕日がしずみ、せつなさむねをしめつける♪

世界に広がる日本語
「ロシア／日本語を使って働いている人」

ナレーション：ここはロシアです。

この国でもたくさんの人たちが日本の文化を楽しんでいます。

こちらは首都モスクワ市内のブックカフェ。

食事をしたり、お茶を飲んだりしながら、店の本を読むことができます。

ロシア語に翻訳された日本の本もあります。

最近ロシアでは、日本の文学を読む人がふえています。

男の人：（「川端」の本が好きです。）

（「川端」の本を読むと、日本という国のおもしろさがつたわってきます。）

ナレーション：今日は、ロシアでかつやくしている翻訳家を紹介します。

タチアーナ・ソコロワさん。

たくさんの日本の本を翻訳しました。

特に日本の古い文学が多いです。

174

ソコロワ：日本は近代的な国ですけど、人々の生活の中にでんとうてきなものが
　　　　　いっぱいあることに感心しました。

ナレーション：ソコロワさんは、大学で日本語と日本文学の勉強を始めました。
　　　　　そして、日本語の文章に興味を持って、翻訳家になりました。
　　　　　『源氏物語』。
　　　　　今から 1000 年前に書かれました。
　　　　　ソコロワさんが一番好きな本です。

ソコロワ：『源氏物語』をほんやくしている時に、平安時代に生きているような
　　　　　感じがして、それはとてもふしぎな感じでした。

ナレーション：ソコロワさんは、若い人たちに翻訳のしどうもしています。

　　学生：「ほら、いずみがわき」？

ソコロワ：ん。「わき出している。」

ナレーション：いっしょにことばをさがして、翻訳します。

ソコロワ：一つのものをテーマにして、一つ一つの、あの、感情について書くことが
　　　　　あのう、今の女性も平安の女性もだいたい同じでしょう。
　　　　　共通点がたくさんありますね。
　　　　　ま、それはでんとうですね。文学のでんとう。

ナレーション：最後に、ソコロワさんに好きな日本語を聞きました。

ソコロワ：「一期一会」。
　　　　　人生の一瞬一瞬を大事にしていきたいんです。

第23課　世界に広がる日本語「ロシア」

Making Suggestions to Friends — Amusement Park —

Basic Skit

Kenta : Wow.

Saki : That is fun!

Saki : All right, what shall we ride next?

Kenta : Umm... How about the Ferris wheel?

Saki : What? That'd be really boring.

Kenta : Well, then what do you want to ride?

Erin : **Let's ride that.**

Saki : Oh, good idea!

Saki : This is exciting.

Erin : Kenta, are you all right?

Kenta : Ah, yeah!

Make sure you don't cry yourself, Erin.

Saki & Erin : Ah, ahh!

Kenta : H- H- Help!!

Advanced Skit

Clerk : Enjoy the movie.

Saki's Mother : We haven't been to a movie together in a long time, have we.

Saki : What are you talking about? I came with you just a while ago. That love story.

Saki's Mother : Did we?

Saki : Oh!

Megumi : Oh!

Saki : I'm jealous! I'm just here with my mom...

Tell me all about it later!

Let's go.

Megumi : What should I do?

Kaoru : Is it so bad?

Megumi : It's not that ...

I just wasn't prepared.

Kaoru : It's OK.

Come on, **let's hurry up and go get something to drink.**

Kaoru : Don't worry.

第
23
課

176

Convidando um amigo — Parque de diversões —

Diálogo básico

Kenta : Oh!

Saki : Isto é divertido!

Saki : E agora, qual o próximo brinquedo?

Kenta : Hum... Que tal a roda gigante?

Saki : Ah, não. Esse não tem graça.

Kenta : Então, em qual deles você quer andar?

Erin : **Vamos andar naquele.**

Saki : Legal!

Saki : Que frio na barriga né?

Erin : Kenta-*kun*, tudo bem com você?

Kenta : Tu...tudo!

E você, Erin-*chan*, não vai chorar, hein!

Saki e Erin : A, ahh!

Kenta : So...socorrooo!

Diálogo avançado

Funcionário do cinema : Fiquem à vontade.

Mãe : Fazia tempo que não vinha ao cinema com você, né?

Saki : Imagina! Não faz muito tempo que eu te acompanhei a um filme romântico.

Mãe : É mesmo?

Saki : Oh!

Megumi : Oh!

Saki : Que inveja. E eu estou com a minha mãe.

Depois, me conte com calma como foi, tá!?

Vamos.

Megumi : E agora?

Kaoru : É tão preocupante assim?

Megumi : Não, não é isso...

É que eu não estava preparada.

Kaoru : Não se preocupe.

Bom, **vamos logo comprar algo para beber!**

Kaoru : Não se preocupe.

第
23
課

친구에게 같이 하자고 권하다．　ー 유원지 ー

기본 대화

겐타 : 와～ .

사키 : 이거 , 재미있다 !

사키 : 자 ! 그럼 , 다음에 뭐 탈까 ?

겐타 : 음～ , 관람차는 어때 ?

사키 : 그거 재미없어 .

겐타 : 그럼 뭐가 좋아 ?

에린 : **저거 타자** .

사키 : 재미있겠다 !

사키 : 떨린다 .

에린 : 겐타 , 괜찮아 ?

겐타 : 으응 !

　　　에린이야말로 울지 마 !

사키 , 에린 : 아 , 아～～ .

겐타 : 사람 살려 !

응용 대화

영화관 직원 : 즐거운 시간 되십시오 .

사키 엄마 : 사키하고 영화 보는 거 오래간만이네 .

사키 : 아니야 . 지난 번에도 같이 왔잖아 , 멜로 영화 .

사키 엄마 : 그런가 ?

사키 : 어머 !

메구미 : 어머 !

사키 : 좋겠다 . 난 엄마하고 왔는데 .

　　　얘기는 나중에 천천히 들을게 .

　　　가자 .

메구미 : 어떡하지 ?

가오루 : 그렇게 곤란해 ?

메구미 : 아니 , 그런 건 아니고……

　　　마음의 준비가 안 돼서 .

가오루 : 괜찮아 .

　　　얼른 마실 거 사러 가자 .

가오루 : 걱정말라니깐 .

邀朋友做某事 — 游乐园 —

基础篇

健太：嗬。
　笑：这个真好玩！

　笑：好嘞，接下来坐什么？
健太：什么好呢。观览车怎么样？
　笑：哎，观览车多没意思啊……。
健太：那你说坐什么好啊？
艾琳：**坐那个吧。**
　笑：啊，不错呀！

　笑：心怦怦直跳啊。
艾琳：健太君，你没事吧？
健太：嗯……没事的！
　　　艾琳，你自己可别哭啊！

笑·艾琳：啊，啊～。
健太：救～救命呀～！

应用篇

电影院的人：请进。

母亲：好长时间没一起来看电影啦。
　笑：说什么呀，前几天我不也陪你看了一部恋爱片吗？
母亲：是吗？
　笑：啊！
　惠：啊！
　笑：你们可真好啊，而我是和我母亲一起来看的。
　　　下次慢慢听你说啊。
　　　妈，**我们走吧。**

　惠：怎么办？
　熏：是那么让你为难的事情吗？
　惠：那倒不是……
　　　是我还没有做好心理准备。
　熏：不要紧的。
　　　走，**快去买饮料吧。**

　熏：不要担心。

☆ CAN-DO のための大切な表現 ☆練習の答え
たい せつ　ひょうげん　　れん しゅう　こた

練習
れんしゅう

1．（友だちに）コンビニで買おう。
とも　　　　　　　　か

　　（ていねいな言い方で）コンビニで買いましょう。
い　かた　　　　　　　　か

2．（友だちに）もう少し待とう。
とも　　　　　　すこ　ま

　　（ていねいな言い方で）もう少し待ちましょう。
い　かた　　　　　　　すこ　ま

3．（友だちに）だれかに聞こう。
とも　　　　　　　　き

　　（ていねいな言い方で）だれかに聞きましょう。
い　かた　　　　　　　　　き

4．（友だちに）駅まで急ごう。
とも　　　えき　いそ

　　（ていねいな言い方で）駅まで急ぎましょう。
い　かた　　　　　えき　いそ

5．（友だちに）つくえをならべよう。
とも

　　（ていねいな言い方で）つくえをならべましょう。
い　かた

6．（友だちに）あしたも来よう。
とも　　　　　　　　こ

　　（ていねいな言い方で）あしたも来ましょう。
い　かた　　　　　　　　　き

7．（友だちに）今度の日曜日、パーティーをしよう。
とも　　　こん ど　にちようび

　　（ていねいな言い方で）今度の日曜日、パーティーをしましょう。
い　かた　　　こん ど　にちようび

へんかを言う<rt>い</rt>

― 文化祭 ―<rt>ぶんかさい</rt>

≪ことばをふやそう！≫「文化祭（学園祭）」「形容詞⑶」<rt>ぶんかさい</rt><rt>がくえんさい</rt><rt>けいようし</rt>

≪これは何？≫<rt>なに</rt>

≪やってみよう≫「茶道」<rt>さどう</rt>

≪見てみよう≫「学校の行事」<rt>み</rt><rt>がっこう</rt><rt>ぎょうじ</rt>

≪世界に広がる日本語≫「ロシア／日本語を勉強している高校生」<rt>せかい</rt><rt>ひろ</rt><rt>にほんご</rt><rt>にほんご</rt><rt>べんきょう</rt><rt>こうこうせい</rt>

182

<ruby>お<rt></rt></ruby> <ruby>さ<rt></rt></ruby> <ruby>ら<rt></rt></ruby> <ruby>い<rt></rt></ruby> 基本スキット
きほん

生徒：いらっしゃいませ。
せいと
生徒：駄菓子、いかがですか。
せいと　だがし

エリン：いらっしゃいませ。
　　　　こちらへどうぞ。

エリン：お待ちどうさまでした。
　　　　ま
生徒：すいません。
せいと
エリン：はい。
生徒：オレンジジュース、ください。
せいと
エリン：はい。
生徒：あ、すいません。
せいと
エリン：はい。
生徒：おだんご、おねがいします。
せいと
エリン：あ。
生徒：すいません、プリンアラモード、ください。
せいと
エリン：あ、はい。
生徒：すいません、サンドイッチ、ください。
せいと
エリン：はい。

エリン：**いそがしくなったね。**
さき：よーし、がんばろう。

けんた：よう。調子はどう？
　　　　ちょうし
さき：いそがしいんだから、あっち行っててよ。
　　　　　　　　　　　　　い
けんた：え。

エリン：ねえ、何か注文とろうよ。
　　　　なに　ちゅうもん
さき：じゃ、健太、パフェ、食べてってよ。
　　　　けんた　　　た
けんた：しょうがねえなあ。

エリン、さき：お待ちどうさまでした。
　　　　　　　ま
　　　　　　　スペシャルパフェでございます。

第24課

基本スキット

CAN-DO

へんかを言う

┌─ ☆ CAN-DO のための大切な表現 ☆ ──────
│
│　①いそがしくなります。　②いそがしくなりました。
│
└────────────────────────────

☆①は、"かわることを言う" 言い方です。

　【い形容詞】は、「い」を「く」にして「なります」をつけます。

　【な形容詞】は、「な」を「に」にして「なります」をつけます。

　【名詞】は、「に」と「なります」をつけます。

　　例1）もうすぐ、あたたかくなります。

　　例2）田中さんは先生になります。

☆②は、"かわったことを言う" 言い方です。

　「なります」を「なりました」にします。

　　例1）このごろ、日本語の勉強が楽しくなりました。

　　例2）友だちが帰って、しずかになりました。

練習1

例のように言ってください。

　　例1：（かみが長いです）→かみが長くなりました。

　　例2：（へやがきれいです）→へやがきれいになりました。

　　1．（犬が大きいです）

　　　→

　　2．（夕方、すずしいです）

　　　→

３．（おなかがいっぱいでねむいです）

　　→

４．（日本語がじょうずです）
　　　　にほんご

　　→

５．（かぜがなおって元気です）
　　　　　　　　　げんき

　　→

６．（スーパーができて便利です）
　　　　　　　　　　べんり

　　→

７．（やっと春です）
　　　　　はる

　　→

８．（先月、18 歳です）
　　せんげつ　　さい

　　→

練習 2
れんしゅう

2枚の絵をくらべましょう。どうかわりましたか。
　まい　え

例のように言ってください。
れい　　　　い

　　例：車が多くなりました。
　　れい　くるま　おお

30 年前
ねんまえ

今
いま

いろいろな使い方
（つかいかた）

❶料理教室で
（りょうり きょうしつ）

　　　先生：5分で、このじょうたいで、にていきますが、
　（せんせい）　　（ふん）

　　　　　　2、3分たったらば、ふたを開けて…。
　　　　　　　（ぷん）　　　（あ）

　　　生徒：ん…。
　（せいと）

　　　助手：お味はどうですか？
　（じょしゅ）（あじ）

　　　生徒：味がうすいんですけど。
　（せいと）（あじ）

　　　助手：はい、では、お塩を少し入れてみましょう。
　（じょしゅ）　　　（しお）（すこ）（い）

　　　生徒：はい。
　（せいと）

　　　助手：はい。
　（じょしゅ）

　　　　　　はい。

　　　生徒：あ、おいしくなりました。
　（せいと）

　　　助手：あ、おいしくなりましたか。
　（じょしゅ）

❷楽器店で
（がっきてん）

　　男の人1：あ、このギター、安くなったんだ。
　（おとこ）（ひと）　　　　　（やす）

　　男の人2：あ、本当だ。
　（おとこ）（ひと）　（ほんとう）

　　男の人1：買おうかなあ。
　（おとこ）（ひと）（か）

❸部屋の中で
（へや）（なか）

　　お母さん：うわあ、すごいなあ。
　（かあ）

　　　　　　　ちらかしてないでかたづけなさい。

　　　子ども：はーい。
　（こ）

　　　子ども：きれいになったよ。
　（こ）

応用スキット
おう よう

かおる：ワン、ツー、スリー、フォー。

さき：薫君、いいねー。
かおるくん

めぐみ：でしょ？

　　　　ふだんの薫君もいいけど、
かおるくん

　　　　ドラムをたたくと、いちだんと**かっこよくなるんだ。**

さき：うん。

めぐみ：さっきの曲も、いいでしょ？
　さき：そうだね…。
めぐみ：私のイメージで作ってくれたんだって。
　さき：…はい、はい。

① 喫茶店
きっさてん

② 研究発表
けんきゅうはっぴょう

③ 演劇
えんげき

《ことばをふやそう！》

〈文化祭（学園祭）〉
ぶんかさい　がくえんさい

第24課
ことばをふやそう！

④ コンサート

⑤ 模擬店
もぎてん

〈形容詞（3）〉
けいようし

①すずしい

②暑い
あつ

③あたたかい

④寒い
さむ

⑤つめたい

⑥熱い
あつ

⑦にぎやかな

⑧しずかな

⑨へたな

⑩じょうずな

成人式でおもしろいものを見つけました。
何でしょうか？

かざりがきれいです。

ひもがあります。
このひもを引っぱります。

くす玉！
お祝いに使います。

第24課

これは何？

●やってみよう●

「茶道」
<small>さ どう</small>

ナレーション：今日は茶道に挑戦しましょう。
<small>きょう　さ どう　ちょうせん</small>

茶道は、日本のでんとうてきな文化の１つです。
<small>さ どう　に ほん　　　　　　　　　　ぶん か　ひと</small>

お茶を楽しむために、いろいろなきまりや作法があります。
<small>ちゃ　たの　　　　　　　　　　　　　　　　　　さ ほう</small>

高校生：私たちは狛江高校茶道部です。
<small>こうこうせい　　わたくし　　　こま え こうこう さ どう ぶ</small>

ナレーション：狛江高校茶道部のみなさんが今日の先生です。
<small>こま え こうこう さ どう ぶ　　　　　　　きょう　せんせい</small>

ナレーション：まず、お茶をいれるお手本です。
<small>ちゃ　　　て ほん</small>

お茶をいれることを「お点前」といいます。
<small>ちゃ　　　　　　　　て まえ</small>

ナレーション：これがお点前の道具です。

　　　　　　この中にまっ茶が入っています。

　　　　　　まっ茶を茶碗に入れます。

　　　　　　お湯を入れます。

　　　　　　これは茶せんです。

　　　　　　茶せんであわ立てます。

ナレーション：つぎに、お茶を飲むお手本を見ましょう。

　　　　　　お茶を飲む前にあいさつをします。

　　　高校生：**お点前ちょうだいいたします。**

ナレーション：茶碗を左手にのせて、右手で2度まわします。

　　　　　　ゆっくり、最後まで飲みます。

　　　　　　飲んだところをふきます。

　　　　先生：**思いやりとかんしゃの気持ちが、あのう、お茶の心でございます。**

　　　　　　はい。

ナレーション：では、まずお茶を飲んでみましょう。

　　　　先生：「どうぞ」ともうしますので、そちらも。

　　　　　　「お点前ちょうだいいたします。」

　女の人1：お点前ちょうだいいたします。

　　　　先生：手に取りまして、

　　　　　　おしいただいて、

　　　　　　2回まわしますね。

　　　　　　どうぞめしあがってください。

　　　　　　そのまま…。

　　　　　　そのまま、あのう、めしあがってすぐ、あのう、お口がついたところを。

　女の人2：あー、**とてもおいしいです。**

　男の人1：はい、**ちょっとにがかったけど、**あー、と、**おいしかったです。**

ナレーション：今度はお茶をいれてみましょう。

先生：ふっくらとあわ立つように。

ナレーション：じょうずにできたでしょうか。

先生：どうぞめしあがってください。

はい。

はい。

男の人2：さっきのまっ茶よりとても強かった。

ナレーション：あわ立てるところがむずかしいですねえ。

先生：だんだんあわが立ってきてますね。

はい、もうちょっと、こう。

ナレーション：もう一度お手本を見ましょう。

先生：はい。

ちょっと元気よくふってみましょうか。

はい。はい。はい。

あ、きれいに立ってますね。

じょうずですね。

女の人2：あ、はい、あ、まっ茶が大好きです。

ナレーション：みなさんも茶道に挑戦してみてください。

第24課　やってみよう「茶道」

195

●見てみよう●
「学校の行事」
がっこう　ぎょうじ

ホニゴン：今日は日本の高校の行事を見てみよう。

エリン：はい！

ホニゴン：まず、文化祭。学園祭とも言います。

エリン：お客さんがたくさん来てますね。

ホニゴン：この教室に入ってみよう。

エリン：わあ、にぎやかですねえ。

ホニゴン：体育館では、ダンスをやってるよ。

♪どっこいしょ。どっこいしょ。

どっこいしょ。どっこいしょ。

は、ソーラン。ソーラン。

ソーラン。ソーラン。♪

ホニゴン：ここでは、ことをひいてるねえ。

エリン：みんながんばってますね！

ホニゴン：つぎは、体育祭。

チームに分かれて、いろいろなきょうそうをします。

エリン：うわあ、すごい！

ホニゴン：そして、終業式。

今日は2学期の最後の日です。

生徒全員集まって、校長先生の話を聞きます。

先生：来年は、もっとがんばってもらいたいな、と…。

ホニゴン：式が終わったら、教室で通知表をもらいます。

エリン：ドキドキしますね。

高校生：**成績よくなりました。**

ホニゴン：よかったねえ。

高校生：やった！

ホニゴン：あしたから冬休みです。

第24課　見てみよう　［学校の行事］

197

世界に広がる日本語
（せかい）（ひろ）（にほんご）
「ロシア／日本語を勉強している高校生」
（にほんご）（べんきょう）（こうこうせい）

ナレーション：ここはロシア第2の都市、サンクトペテルブルグです。
　　　　　　　　（だい）（とし）

　　　　　　　　市内にあるサンクトペテルブルグ第83学校。
　　　　　　　　（しない）（だい）（がっこう）

　　　　生徒：いち、に、さん…。
　　　　（せいと）

ナレーション：この学校では7歳から17歳までの生徒が日本語を勉強しています。
　　　　　　　　（がっこう）（さい）（さい）（せいと）（にほんご）（べんきょう）
　　生徒たち：♪バラがさいた、バラがさいた、真っ赤なバラが♪
　　（せいと）　　　　　　　　　　　　　　　　　（ま）（か）
　　生徒たち：うんとこしょ。どっこいしょ。
　　（せいと）
　　　　　　　とうとうかぶがぬけました。

ナレーション：こちらは 14 歳の日本語のクラス。

先生：ニキータさん、どうぞ読んでください。

ナレーション：このクラスに日本の文化がとても好きな生徒がいます。

ニキータ・ロマノフ君です。

ナレーション：ニキータ君は 2 年前、モスクワで開かれた日本語のスピーチ大会で 3 位
になりました。

テーマは「さくら」でした。

ニキータ：

さくらは日本のシンボルのひとつです。
さくらはあまり大きくないですがうつくしい木です。
いっぽんのさくらはいっしゅうかんぐらいしかみることができません。
このとき日本人はかぞくやともだちといっしょにはなみをします。

桜は短い間しかさかないうつくしい花だから、好きです。

ナレーション：ニキータ君の家です。

ニキータ君は、家でお兄さんと日本のまんがを読んだり、お父さんと
しょうぎをしたりします。

そして、折り紙にとても興味を持っています。

これがニキータ君の作品です。

今日は、得意な折り紙を、1 つ折ってくれます。

ニキータ：ねずみができました。

幼稚園の時から折り紙であそんでいました。

ナレーション：最後に、ニキータ君の大好きな日本語を教えてもらいました。

ニキータ：私の好きなことばは「桜」です。

いつか私は日本に行って桜を見たいです。

第
24
課

世界に広がる日本語「ロシア」

Describing Changes — School Festival —

Basic Skit

Student : Please come in!

Student : Would you like a small snack?

Erin : Welcome.
This way, please.

Erin : Thank you for waiting.

Student : Excuse me.

Erin : Yes.

Student : Could I have an orange juice?

Erin : Certainly.

Student : Ah, excuse me.

Erin : Yes.

Student : Can I have some *dango* rice cakes?

Erin : Ah.

Student : Excuse me. Could I have pudding a la mode?

Erin : Yes, certainly.

Student : Excuse me. Can I have a sandwich?

Erin : Certainly.

Erin : **It's gotten pretty busy, hasn't it.**

Saki : All right, let's go for it!

Kenta : Hey. How's it going?

Saki : We're busy, so get lost.

Kenta : Huh?

Erin : Hey, let's take his order.

Saki : Kenta, why don't you try a parfait?

Kenta : Well, if I have to.

Erin & Saki : Sorry to keep you waiting.
One special parfait.

Advanced Skit

Kaoru : One, two, three, four.

Saki : Kaoru's good, isn't he.

Megumi : Isn't he?
Kaoru's always nice, but **he becomes so much cooler** when he plays the drums.

Saki : Yeah.

Megumi : The other song was great, don't you think?

Saki : Yeah...

Megumi : He told me he wrote it thinking of me.

Saki : OK, OK!

第24課

Falando sobre mudanças — Festival cultural —

Diálogo básico

Aluno : Sejam bem-vindos.

Aluno : Não querem doces?

Erin : Sejam bem-vindos.
　　　 Por aqui, por favor.

Erin : Obrigada por esperar.

Aluno : Por favor.

Erin : Sim.

Aluno : Um suco de laranja, por favor.

Erin : Sim.

Aluno : Por favor.

Erin : Sim.

Aluno : Um *odango*, por favor.

Erin : Ah!

Aluno : Por favor, um *pudding a la mode*.

Erin : Ah, sim.

Aluno : Por favor, um sanduíche.

Erin : Sim.

Erin : **Está ficando corrido, né?**

Saki : Mão na massa!

Kenta : Oi. Como está o movimento?

Saki : Nós estamos ocupadas. Vá para lá.

Kenta : O quê?

Erin : Ei, vamos pegar algum pedido dele.

Saki : Então, Kenta, peça um sundae, vai.

Kenta : Tá bom.

Erin e Saki : Obrigada por esperar.
　　　　　　 Aqui está o sundae especial.

Diálogo avançado

Kaoru : *One, two, three, four.*

Saki : O Kaoru-*kun* está um gato, hein.

Megumi : Não é mesmo?
　　　　　 Normalmente, ele já é, mas quando ele toca a bateria, **fica ainda mais charmoso.**

Saki : É.

Megumi : A última música não foi bacana?

Saki : Foi sim...

Megumi : Ele disse que a compôs pensando em mim.

Saki : ... Já entendi.

第
24
課

변화를 말하다. ― 축제 ―

기본 대화

학생 : 어서 오세요.
학생 : 과자, 어떠세요?

에린 : 어서 오세요.
　　　이쪽으로 오세요.

에린 : 오래 기다리셨습니다.
학생 : 저기요.
에린 : 네.
학생 : 오렌지 쥬스, 주세요.
에린 : 네.
학생 : 아, 저기요.
에린 : 네.
학생 : 경단, 주세요.
에린 : 아.
학생 : 저기요, 푸딩 세트, 주세요.
에린 : 아, 네.
학생 : 저기요, 샌드위치, 주세요.
에린 : 네.

에린 : **바빠졌다.**
사키 : 자! 힘내자.

겐타 : 야! 어때?
사키 : 바쁘니까 저리 가 있어.
겐타 : 어~.

에린 : 야, 주문 하나 받자.
사키 : 겐타, 파르페 먹고 가.
겐타 : 할 수 없지.

에린, 사키 : 여기 나왔습니다.
　　　　　 스페셜 파르페입니다.

응용 대화

가오루 : 원, 투, 쓰리, 포.

사키 : 가오루, 멋있다.
메구미 : 그치?
　　　　평상시 가오루도 멋있지만, 드럼 치면 **더 멋있어.**
사키 : 그래.
메구미 : 아까 그 곡도 좋지?
사키 : 응, 그래.
메구미 : 내 이미지를 노래로 만들었대.
사키 : 그래 알았어, 알았어.

叙述变化 ― 文化节 ―

基础篇

学生：欢迎光临！
学生：和式糖果要吗？

艾琳：欢迎光临！
　　　这边请！

艾琳：让您久等了。
学生：对不起。
艾琳：嗳。
学生：我要橘子水。
艾琳：嗳。
学生：啊，对不起。
艾琳：嗳。
学生：请给我团子。
艾琳：好。
学生：对不起，我要布丁水果冰淇淋。
艾琳：嗳，好。
学生：对不起，我要三明治。
艾琳：好。

艾琳：**开始忙起来了。**
　笑：好嘞，加油干吧。

健太：嗨！　干得怎么样？
　笑：我们正忙着呢，一边去。
健太：哎。

艾琳：笑，我们问他点什么吧。
　笑：那这样，健太，你来一杯芭菲吧。
健太：没办法，那就吃呗。

艾琳·笑：让您久等了！
　　　　这是特制芭菲。

应用篇

熏：一、二、三、四。

笑：熏君真不错呀。
惠：是吧？
　　平时的熏君也不错，不过，打鼓时的他**显得更帅了。**
笑：嗯。
惠：刚才的曲子也很好听吧？
笑：是啊……。
惠：他说是按照我在他脑海中的印象创作的。
笑：……好啦，知道啦。

☆ **CAN-DO のための大切な表現** ☆**練習の答え**
たい せつ　　ひょうげん　　　　れんしゅう　こた

練習１.
れんしゅう

1. 犬が大きくなりました。
いぬ　おお

2. 夕方、すずしくなりました。
ゆうがた

3. おなかがいっぱいでねむくなりました。

4. 日本語がじょうずになりました。
にほんご

5. かぜがなおって元気になりました。
げんき

6. スーパーができて便利になりました。
べんり

7. やっと春になりました。
はる

8. 先月、18歳になりました。
せんげつ　　　さい

練習２.（例）
れんしゅう　　れい

1. 人が多くなりました。
ひと　おお

2. 木が少なくなりました。
き　すく

3. ビルが新しくなりました。
あたら

4. 川がせまくなりました。
かわ

5. 道がきれいになりました。
みち

第24課

気持ちをつたえる
きも
― 別れ ―
わか

≪ことばをふやそう！≫「学校の行事」「絵はがき」
がっこう ぎょうじ え

≪これは何？≫
なに

≪やってみよう≫「賞状」
しょうじょう

≪見てみよう≫「結婚式」
み けっこんしき

≪世界に広がる日本語≫「日本／世界で日本語を教えている先生」
せかい ひろ にほんご にほん せかい にほんご おし せんせい

まんが 基本スキット
きほん

みんなも知って
いるように、エリンは、
今日でこのクラスと
お別れだ。

エリン！

あいさつ、
いいか？

コクリ

みなさん、
半年間、
ほんとうに
ありがとう。

さいしょはとても
不安だったけど、
みんなやさしくて、
楽しい半年でした。

いろいろな勉強、
修学旅行、
そして、学園祭。

思い出がいっぱい、
いっぱい、できました。

第25課

基本スキット

おさらい 基本スキット
きほん

担任：みんなも知っているように、
たんにん　　　　　　　　　し
　　　　エリンは、今日でこのクラスとお別れだ。
　　　　　　　　きょう　　　　　　　　　わか
　　　　エリン！
　　　　あいさつ、いいか？

エリン：みなさん、半年間、ほんとうにありがとう。
　　　　　　　　はんとしかん
　　　　さいしょはとても不安だったけど、みんなやさしくて、
　　　　　　　　　　　　ふあん
　　　　楽しい半年でした。
　　　　たの　はんとし
　　　　いろいろな勉強、修学旅行、そして、学園祭。
　　　　　　　　　べんきょう　しゅうがくりょこう　　　　　　がくえんさい
　　　　思い出がいっぱい、いっぱい、できました。
　　　　おも　で
　　　　私は、この半年間をぜったいにわすれません。
　　　　わたし　　　　はんとしかん
　　　　だから…みんなも、**私のことをわすれないでください。**
　　　　　　　　　　　　　　わたし

　さき：わすれるわけないじゃん！　ね！

みんな：（うん。）
　　　　（がんばれよ。）
　　　　（もちろんだよ。）
　　　　（そうだよ。）
　　　　（わすれないよ。）
　　　　（元気出して。）
　　　　　げんきだ
　　　　（がんばれよ。）

エリン：また会える日を楽しみにしています。
　　　　　　あ　ひ　たの
　　　　だから、その時までちょっとだけ「さよなら」です。
　　　　　　　　とき

CAN-DO

①相手の行動を止める
あいて　　こうどう　　と

☆ CAN-DO のための大切な表現 ☆
たい せつ ひょう げん

わすれないでください。

☆ "相手のすることを止めたり、やめるおねがいをする" 言い方です。
あいて　　　　　　と　　　　　　　　　　　　　　い　かた

《動詞の【ない形】》に「でください」をつけます。
どう し　　　　けい

	ます形	ない形	ます形	ない形
Ⅰ	い**います**	い**わない**	た**ちます**	た**たない**
	か**きます**	か**かない**	よ**みます**	よ**まない**
	はな**します**	はな**さない**	と**ります**	と**らない**
Ⅱ	み**ます**	み**ない**	たべ**ます**	たべ**ない**
Ⅲ	**き**(来)**ます**	**こない**	**します**	**しない**

例1) ソファの上でねないでください。かぜをひきますよ。
れい　　　　　　　　　うえ

例2) （美容院で）前がみはあまり切らないでください。
れい　　　びょういん　まえ　　　　　　　き

練習1
れんしゅう

例のように言ってください。
れい　　　　　　い

例：×わすれます
れい

→わすれないでください。

1．×私のアルバムを見ます
わたし　　　　　　み

2．×私のへやに入ります
わたし　　　　　　はい

3．×黒板を消します
こくばん　け

4．×ほかの人に言います
ひと　い

5．×先に行きます
さき　い

②気持ちをつたえる
きも

練習2
れんしゅう

エリンのスピーチを読んで、あなたもスピーチを作ってください。
よ   つく
別れのスピーチでも、お礼のスピーチでも、ほかのスピーチでも
わか   れい
いいです。スピーチで気持ちをつたえましょう。
きも

> みなさん、半年間、ほんとうにありがとう。
> はんとしかん
> さいしょはとても不安だったけど、みんなやさしくて、
> ふあん
> 楽しい半年でした。
> たの   はんとし
> 思い出がいっぱいできました。
> おも で
> 私は、この半年間をぜったいにわすれません。
> わたし   はんとしかん
> だから、みんなも、私のことをわすれないでください。
> わたし
> また会える日を楽しみにしています。
> あ ひ たの

練習3
れんしゅう

p.215の手紙を見て、あなたも手紙を書いてください。
てがみ み   てがみ か
あなたの経験や気持ちを入れましょう。
けいけん きも い
だれに書いてもいいです。
か

いろいろな使い方

❶ サービスエリアで

　　　店員：はい、どうぞ。

　　　　客：すいません、2つください。

　　　店員：はい、ありがとうございます。

　　　　客：あ、1つは、べにしょうが入れないでください。

　　　店員：はい、かしこまりました。

　　　　　　はい、どうぞ。

　　　　客：ありがとう。

　　　店員：ありがとうございました！

❷ 家で

　　　子ども：あ、これ、まだ読んでないんだからすてないでよ。

　　お母さん：だって、ずっと置きっぱなしだったじゃない。

　　　　　　　ちゃんと自分のへやに置きなさい。

　　　子ども：はーい。

❸ ビニールハウスで

　　農家の人：ハウスはこっちだよ。

　　　　　　　走らないで。

　　　　　　　いちご、たくさんなってるからね！

応用スキット
おう よう

　　　エリン：どうぞ。

さき、めぐみ：わー、すごーい！

　　　けんた：おれ、こんなに食べられるかな。

　　　　　さき：別にあんた 1 人で食べろって言ってないでしょ。

　　　　　さき：あっという間だったね、半年。

　　　エリン：うん、さいしょの日、よくおぼえてるよ。

　　　　　　　咲、やさしかったね。

　　　めぐみ：エリン、むこうの住所、教えてね。

　　　　　　　手紙、書くから。

　　　　　さき：**なかないで**。エリン、また来るよね。

　　　エリン：うん。

　　　めぐみ：やくそくだよ。

エリン：薫君となかよくね。
　　　　それから、咲と健太君もなかよくね。
けんた：えー、なんでおれがこいつと？
　さき：それは私のせりふでしょ。

　　父：エリン、みんなで写真とろう、写真。
　　　　かあさーん！
　　　　もう少し真ん中によって。
　　　　はい、それじゃいくよ！

第25課

ことばをふやそう！

《 ことばをふやそう！ 》

〈学校の行事〉（がっこう）（ぎょうじ）

③球技大会（きゅうぎ）（たいかい）

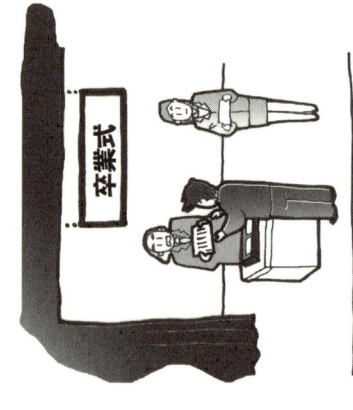

⑥卒業式（そつぎょうしき）

②文化祭（学園祭）（ぶんかさい）（がくえんさい）

⑤合唱コンクール（がっしょう）

①体育祭（たいいくさい）

④修学旅行（しゅうがくりょこう）

〈絵(え)はがき〉

さきちゃんへ
元気ですか。
私は今、××村にいます。この村には
おばあちゃんの家があります。山や川
がとてもきれいです。さきちゃんに
見せたいです。
さきちゃんたちも　夏休みですね。テニス
の合宿はおわりましたか。
いろいろな時、みんなのことを思い出し
ます。はがきをくださいね。たのしみに
しています。
エリン

第25課　ことばをふやそう！

おもしろいふくろを見つけました。
これは何でしょうか？

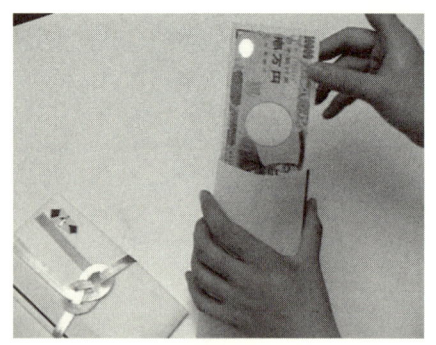

お金を入れます。

のしぶくろ

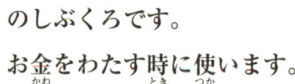

結婚式場の受付でわたしています。

のしぶくろです。
お金をわたす時に使います。

第25課

これは何？

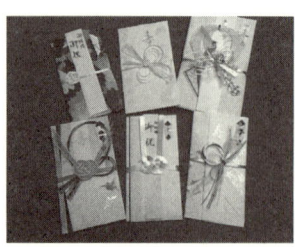

これは、
結婚の時に使います。

これは、
いろいろなお祝いの時に
使います。

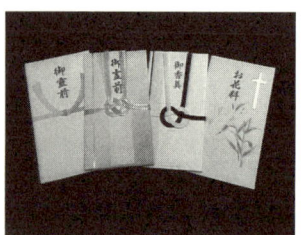

これは、
お葬式の時などに
使います。

216

●やってみよう●

「賞状」
しょうじょう

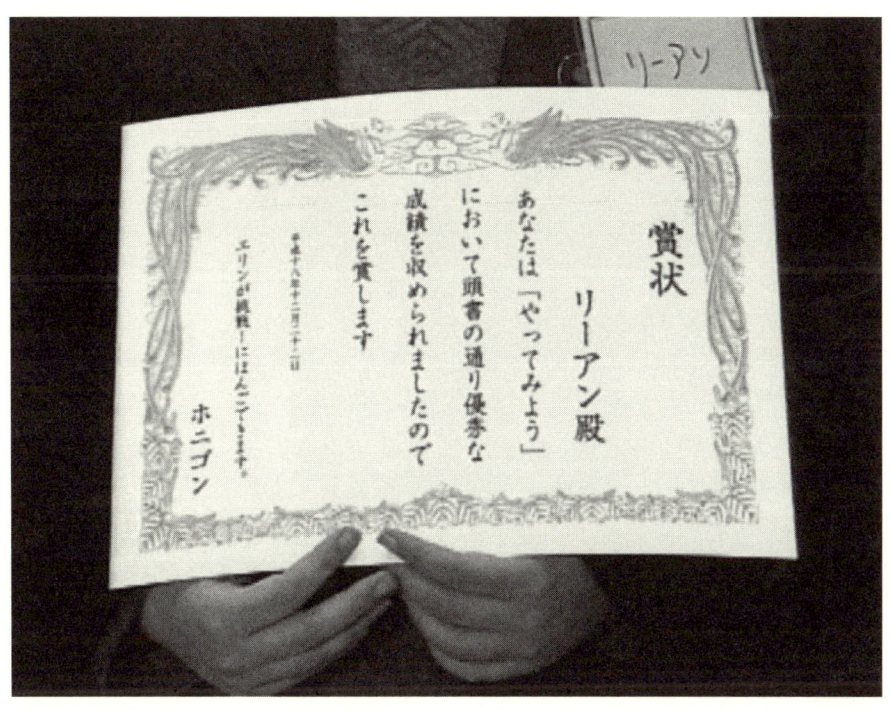

賞状
リーアン殿
あなたは「やってみよう」
において頭書の通り優秀な
成績を収められましたので
これを賞します
平成十八年十二月二十一日
エリンが挑戦！にほんごできます。
ホニゴン

ナレーション：賞状は、学校や会社などで、よい成績をとった人がもらいます。
　　　　　　　　しょうじょう　がっこう　かいしゃ　　　　　せいせき　　　　ひと
　　　　　　　　今日は、賞状のもらい方を練習しましょう。
　　　　　　　　きょう　しょうじょう　　　かた　れんしゅう
　　　　　　　　先生は、洲崎勝さん。
　　　　　　　　せんせい　すさきまさる
　　　　　　　　それでは、お手本です。
　　　　　　　　　　　　　てほん

　　　先生：原裕子殿。
　　　せんせい　はらゆうこどの
　女の人：はい。
　おんな　ひと
ナレーション：名前を呼ばれたら、返事をして、前に出ます。
　　　　　　　　なまえ　よ　　　　　へんじ　　　　まえ　で
　　　　　　　　そして、おじぎをします。

　　　先生：「賞状、原裕子殿。
　　　せんせい　しょうじょう　はらゆうこどの
　　　　　　　頭書の通り、優秀な成績を収めたのでここにこれを賞します。」
　　　　　　　とうしょ　とお　ゆうしゅう　せいせき　おさ　　　　　　　　　しょう
　　　　　　　前に出てください。
　　　　　　　まえ　で

先生：右手、左手のじゅんで受け取ります。

そして、おじぎをしましょう。

ナレーション：賞状を軽く半分に折って、左手で持ちます。

そして後ろに下がります。

最後にもう一度、おじぎをします。

ナレーション：それでは、やってみましょう。

先生：リーアン殿。

リーアン：はい。

先生：ん？　右、左。右、左。

そうです。

先生：ヴァレンティーナ殿。

えーと、ヴァレンティーナさん、とてもじょうずにできましたね。

先生：そこでおじぎです。

女子高校生：はじめてだった（だ）から、たのしかった。

男子高校生：ちょっときんちょうしたんですけど

あのう、うまくいって、よかったと思います。

ナレーション：みなさんも、賞状をもらうことがあるかもしれません。

その時、このやり方を思い出してください。

●見てみよう●

「結婚式」

ホニゴン：今日は日本の結婚式を見てみよう。

エリン：はい。

ホニゴン：日本には、いろいろな結婚式があります。

これは、教会の結婚式です。

これは、お寺の結婚式。

ホニゴン：そして、これは神社の結婚式です。

エリン：白い着物、きれいですね。

ホニゴン：音楽やおどりで、2人の結婚をお祝いするよ。

エリン：これは何をしているんですか？

ホニゴン：お酒を飲んでいるんだよ。

こうして結婚のやくそくをするんだ。

エリン：へえー。

神社の人：おめでとうございます。

出席者：おめでとうございます。

ホニゴン：2人の家族も、いっしょにお酒を飲むんだ。

神社の人：つぎに…。

神社の人：まわされまして、二礼二拍手一礼の作法にてご拝礼ください。

一礼をおそえください。

神主：心からおいのりもうしあげます。

本日はまことにおめでとうございます。

ホニゴン：これで結婚式は終わりです。

カメラマン：はい。はい、バッチリ。はい。

エリン：記念写真ですね。

エリン：ここは、何ですか？

ホニゴン：結婚式のあと、お祝いのパーティーがあるんだ。さあ、見てみよう。

司会：それではただいまより…。

新郎：短い時間ではございますが、楽しんでくださりますよう、おねがいもうしあげ、

さいしょのあいさつに代えさせていただきます。

ホニゴン：まず、お祝いのスピーチ。

出席者：これからの2人のしあわせを心からきねんしたいと思います。

今日はどうもありがとうございました。

エリン：わあ、大きなケーキ！

ホニゴン：料理もおいしそうだねえ。

エリン：あ、2人とも着替えましたね。

ホニゴン：今度はドレスだねえ。

新郎：ありがとうございます。

新婦：「お父さん、お母さんへ。

今まで26年間、お世話になりました。」

エリン：手紙を読んでる？

新婦：「両親ともに、何をやりなさい、と強要することなく…。」

ホニゴン：お父さんやお母さんへのお礼の手紙だよ。

新婦：「思ったことは何でも言い合う家族で、たくさんけんかもしましたね。

私もこれからはひろゆきさんとともに…。」

エリン：お父さん、ないていますね…。

ホニゴン：パーティーが終わりました。

エリン：あれ、みんな、何を持っているんですか？

ホニゴン：これは、おみやげです。

エリン：へえ。

たくさん入っていますね。

第25課　見てみよう「結婚式」

221

新郎：2回ぐらい、なみだ出そうになりました。

　　　がまんして最後までやりました。

　　　あっという間でした。

新婦：はい。

リポーター：今日はありがとうございました。

新郎、新婦：ありがとうございました。

リポーター：ありがとうございました。

　　　おしあわせに…。

新婦：あ、ありがとうございます。

エリン：すてきな結婚式でしたね。

ホニゴン：いつまでもおしあわせに！

第25課

見てみよう　「結婚式」

世界に広がる日本語
<ruby>世<rt>せ</rt></ruby><ruby>界<rt>かい</rt></ruby>に<ruby>広<rt>ひろ</rt></ruby>がる<ruby>日<rt>に</rt></ruby><ruby>本<rt>ほん</rt></ruby><ruby>語<rt>ご</rt></ruby>

「日本／世界で日本語を教えている先生」
「<ruby>日<rt>に</rt></ruby><ruby>本<rt>ほん</rt></ruby>／<ruby>世<rt>せ</rt></ruby><ruby>界<rt>かい</rt></ruby>で<ruby>日<rt>に</rt></ruby><ruby>本<rt>ほん</rt></ruby><ruby>語<rt>ご</rt></ruby>を<ruby>教<rt>おし</rt></ruby>えている<ruby>先<rt>せん</rt></ruby><ruby>生<rt>せい</rt></ruby>」

ケニアの先生：はい、これは日本語で「きば」と言います。

いいですか。「きば」…

ナレーション：これまで、このコーナーには、世界で日本語を教える外国人の先生

たちがたくさん登場しました。

フランスの先生：…と思っています。

ナレーション：そんな先生たちが研修をする場所が、日本の埼玉県にあります。

このセンターには、毎年、50ぐらいの国から、500人ぐらいの先生が

来ます。

センターの先生1：勇気がない…。

ナレーション：この授業では、日本語の教え方についてじょうほうをこうかんして

います。

第
25
課

世界に広がる日本語　「日本」

研修中の先生1：何も言わないでだまっています。

研修中の先生2：日本語に自信がないから、

センターの先生1：ああ。

研修中の先生2：だと思います。

センターの先生1：みなさんの学生…。

ナレーション：みんなでもっとよい教え方を考えます。

センターの先生2：あ、で、今度はまちがいだと思ったところで手をあげてください。

ナレーション：この授業では、いろいろな教え方を生徒の立場で体験しています。

研修中の先生3：どんどん暗くなりました、ちょっとこれ、わかりません。

センターの先生2：あ、おかしいですね。

みなさんの学習者だったら、どう答えるだろうか。

ナレーション：そして、日本語の教え方についてもう一度考えます。

センターの先生2：言えない。そうですよね。

研修中の先生4：絵のかいしゃくがすごくむずかしい。

研修中の先生5：ああ、**自分の意見を話せるようになったからおもしろい。**

センターの先生2：ん、そうですね。

ナレーション：研修では、茶道や、生け花などの日本文化も体験します。

ナレーション：ここでの共通語は、日本語です。

研修中の先生1：いいえ。へんな若者を見に行く。

＜毎日、日本語で話していて、気づいたことは？＞

ナレーション：毎日、日本語で話していて、気づいたことはありますか？

馮先生：自分は、**日本語で話すときにちょっとやさしくなってきた**という感じがしますよね。

他の先生：そうだね、やっぱり。

馮先生：そうでしょう。

他の先生：そういえばそうですね。はい。

他の先生：とっても。

ディラーニ先生：なんか、ていねいに、ていねいになったみたいなね。

すごいことばの力があるから。

＜どんな教師になりたいですか？＞

アンナ先生：んー、もらった、あー、じょうほうを、んー、学習者につたえて、あー、

なんか心をこめておしえ、教えるように、あー、なりたいと思います

ね。

プイ先生：一番大切なのは、私の考えは、えーとね、えーと、雰囲気！

あー、授業のふんいきが一番（が）大切です。

ヴィクトリア先生：そうぞうてきにいろいろな教材をつく、作ることができるような先生

になりたいですね。

あー、自分の学習者を楽しませる。

あー、ぜったいつまらない先生になりたくないですね。

ナレーション：最後に、日本語を学ぶみなさんへのメッセージを考えてもらいました。

みんな：「すばらしい日本語に興味を持って、楽しく勉強してください。」

第25課　世界に広がる日本語「日本」

Lesson 25 / English

Conveying What You Feel　— Parting —

Basic Skit

Teacher : As everyone knows, today is Erin's last day in this class.
Erin!
Would you like to say something to the class?

Erin : Everyone, thank you for everything these past six months.
At first I was pretty nervous, but everyone was so kind that it became a really fun time for me.
Studying...
the school trip,
and the school festival.
I have so many memories now.
I will never ever forget these past six months.
So... everyone, **don't forget me.**
Saki : How could we! Right?
Students : (Sure.)
(Do your best.)
(Of course.)
(We won't forget.)
(Cheer up.)
(Do your best.)
Erin : I'm looking forward to seeing you all again.
So until then, for just a little while, this is "goodbye."

Advanced Skit

Erin : This way.
Saki & Megumi : Wow!
Kenta : I don't think I can eat that much.
Saki : Nobody's asking you to eat it all on your own.

Saki : Six months went by really quickly, didn't it.
Erin : Yeah. I remember the first day perfectly.
Saki, you were really kind.
Megumi : Erin, give us your address over there.
We'll write.
Saki : **Don't cry.** Erin, you'll come back, won't you?
Erin : Yes.
Megumi : Promise!
Erin : Be happy with Kaoru.
And Saki and Kenta, you too.
Kenta : What? Why do you pair me up with her?
Saki : That's what I was going to say.

Father : Erin, let's take a photo together.
Kāsan (Mother)!
Move more to the middle.
OK, here we go!

226

Transmitindo o sentimento — Despedida —

Diálogo básico

Professor : Como vocês sabem, hoje a Erin vai se despedir desta turma.
Erin!
Você pode dizer algumas palavras?

Erin : Muito obrigada por estes seis meses.
No começo estava bastante insegura,
mas graças ao carinho de todos, foram
seis meses muito divertidos.
Foram vários aprendizados.
A viagem da escola, o festival cultural.
Terei várias, várias recordações.
Jamais vou me esquecer deste meio ano.
Por isso...peço a todos que **não se esqueçam de mim.**
Saki : É claro que não vamos te esquecer!
Não é mesmo?
Todos : (Sim.)
(Força.)
(Sem dúvida.)
(É claro.)
(Não te esqueceremos.)
(Não fique triste.)
(Força.)
Erin : Vou aguardar ansiosamente nosso próximo encontro.
Por isso, até que esse momento chegue este é um breve "adeus".

Diálogo avançado

Erin : Por favor.
Saki e Megumi : Nossa!
Kenta : Será que eu vou conseguir comer tudo isso?
Saki : Ninguém disse para você comer tudo sozinho, disse?

Saki : Este meio ano passou voando, não?
Erin : É. Me lembro bem do primeiro dia.
Saki, você foi muito legal comigo.
Megumi : Erin, me passe o seu endereço de lá.
Vou escrever cartas para você.
Saki : **Não chore.** Erin, você vai voltar, né?
Erin : Vou.
Megumi : Promessa, hein!
Erin : Boa sorte no seu namoro com o Kaoru-*kun*!
E boa sorte para vocês também, Saki e Kenta-*kun*!
Kenta : O quê? Por que eu com ela?
Saki : Essas palavras são minhas!

Pai : Erin, vamos tirar uma foto com todo mundo.
Mamãe!
Um pouco mais para o meio!
Ok, vamos lá!

第
25
課

감정을 전하다. — 작별 —

기본 대화

담임 : 모두 알고 있겠지만 에린은 오늘로 여러분들하고 헤어집니다.
에린!
인사할래?

에린 : 여러분 반 년동안 정말 감사했습니다.
처음에는 무척 불안했는데 모두 친절하게 해 줘서 즐거운 반 년이
었습니다.
여러 가지 공부, 수학여행,
그리고 축제.
추억을 많이 만들었습니다.
전 일본에서의 반 년을 절대로 안 잊겠습니다.
그러니까 여러분도,
저를 잊지 마세요.

사키 : 잊을 리가 없지!
그치?

친구들 : (응.)
(열심히 해!)
(물론이지.)
(응, 그럼.)
(절대 안 잊을게.)
(힘 내!)
(열심히 해!)

에린 : 다시 만날 날을 기다리겠습니다.
그러니까, 그때까지 잠시동안의 "작별" 이에요.

응용 대화

에린 : 들어와.

사키, 메구미 : 어머, 맛있겠다.

겐타 : 나, 이거 다 먹을 수 있을까?

사키 : 너 혼자 다 먹으라고 안 그랬어.

사키 : 반 년 너무 짧았지.

에린 : 응, 처음 온 날 생각나.
사키가 친절히 대해 줬어.

메구미 : 에린, 주소 가르쳐 줘.
편지 쓸게.

사키 : **울지 마.** 에린 또 올 거지?

에린 : 응.

메구미 : 약속이야.

에린 : 가오루하고 사이좋게 지내.
그리고 사키하고 겐타도 사이좋게 지내.

겐타 : 왜 내가 애하고?

사키 : 그건 내가 할 말이야.

아버지 : 에린, 다 같이 사진 찍자.
여보!
좀 더 가운데로 모여.
자! 그럼 찍는다.

表达心情 — 道别 —

班主任：大家都知道，
今天是艾琳在这个班学习的最后一天。
艾琳！
能跟大家说几句吗？

艾琳：谢谢大家在这半年中对我的关照！
刚来时我心里很不踏实，可是，大家对我都很热心，
我觉得这半年过得非常愉快。
我学到了很多，
修学旅行，
还有文化节活动。
给我留下了太多，太多的回忆。
我绝对不会忘记这半年的时间。
所以……**请大家也不要忘记我。**
笑：怎么能忘呢！ 对吧！
同学们：（对。）
（加油！）
（这还用说吗？）
（是啊。）
（不会忘记的。）
（加把劲！）
（加油！）
艾琳：我盼望能跟大家再次相见。
所以，在那天到来之前的短暂时光，
我跟大家说声"再见"。

应用篇

艾琳：请进。
笑·惠：哎哟，真丰盛！
健太：我能吃这么多吗？
笑：又没有人说让你一个人吃啊。

笑：一转眼就过去了，半年。
艾琳：是啊。刚来那天的情形，我还记得很清楚。
笑，你对我真好。
惠：艾琳，把你回国后的地址告诉我啊，
我会写信的。
笑：**别哭啊。**艾琳，你还会来吧？
艾琳：嗯。
惠：说定了啊！
艾琳：惠，你跟熏君好好相处啊。
还有，笑和健太君也一样。
健太：嗳，为什么我要跟这家伙？
笑：那句话可是我想要说的呀。

父亲：艾琳，大家一起照张相吧，照相。
孩子他妈！
大家再往中间靠点儿。
好了，那我照啦！

☆ CAN-DO のための大切な表現 ☆練習の答え

練習1.

1. 私のアルバムを見ないでください。
2. 私のへやに入らないでください。
3. 黒板を消さないでください。
4. ほかの人に言わないでください。
5. 先に行かないでください。

練習2.（省略）

練習3.（省略）

日本の高校生
にほん　こうこうせい

レベル：★☆☆

八戸 恵介（16歳）　出身：東京都
はちのへ けいすけ　さい　　しゅっしん　とうきょうと

八戸：はじめまして。八戸恵介です。
はちのへ　　　　　　　　　はちのへけいすけ

　　高校1年生です。よろしくおねがいします。
　　こうこう　ねんせい

ナレーション：ここは八戸君の学校の教室です。
　　　　　　　　　　はちのへくん　がっこう　きょうしつ

　　　　　　　八戸君の部活はえんげき部です。
　　　　　　　はちのへくん　ぶかつ　　　　　　ぶ

部員1：あー、楽しいゆめだった。
ぶいん　　　　　　たの

　　　みんなで歌っておどって。
　　　　　　　うた

部員2：…ないで、じつげんしてみてはどうでしょうか？
ぶいん

八戸：えー！
はちのへ

　　社長さんをミュージカルスターに？
　　しゃちょう

八戸：学校ではえんげき部に入っています。
はちのへ　がっこう　　　　　　ぶ　はい

　　部活内でみんなと話したり、練習も、まあ、楽しいです。
　　ぶかつない　　　　　はな　　　れんしゅう　　　　　たの

八戸：ただいまー。
はちのへ

ナレーション：八戸君には、ほかにも大好きなことがあります。
　　　　　　　　　はちのへくん　　　　　だい す

八戸：ぼくが一番好きなのは、これです。
はちのへ　　いちばん す

　　何だかわかりますか？
　　なん

　　これは、太鼓の「ばち」です。
　　　　　たい こ

ナレーション：八戸君は5年前から町のぼんおどり大会で太鼓をたたいています。

八戸：ぼくは、まあ、どっちかって言うとなまけものなん、なんですけど、

太鼓たたく時は真剣にやってます。

ナレーション：ぼんおどり大会のために、みんなといっしょに一生懸命練習しています。

八戸：小さい子がまねするんで、なまけてたらだめだなあ、と。

ナレーション：ぼんおどり大会の日。

たくさんの人が、この日を楽しみにしていました。

みんな、八戸君の太鼓に合わせておどっています。

八戸：太鼓たたくと、まあ、気分がすかっとしますね。

なんか、いやなことでも何でもわすれられて、それの、

太鼓にうちこめるからですかね。

勉強も運動も、ぜんぜん長くはつづかないぼくですけど、

太鼓は好きなのでまだまだつづけるつもりです。

レベル：★☆☆

青山 研二（17歳）　出身：神奈川県
<small>あおやま けんじ　さい　　しゅっしん　か な がわけん</small>

青山：青山研二、17歳、高校3年生です。
<small>あおやま　あおやまけんじ　さい　こうこう　ねんせい</small>
神奈川県に住んでいます。
<small>か な がわけん　す</small>

ナレーション：今、青山君が一番興味を持っているのは、おしゃれやファッション。
<small>いま　あおやまくん　いちばんきょうみ　も</small>
友だちと雑誌を見ながらよく話をします。
<small>とも　ざっし み　はなし</small>

友だち：がら、おもしろい。
<small>とも</small>
シャツ、ほしいな。

青山：これ、かっけーな。
<small>あおやま</small>

青山：趣味はおしゃれをすることなので、友だちとファッションの話をする時は、
<small>あおやま　しゅみ　とも　はなし　とき</small>
すごく楽しいです。
<small>たの</small>

ナレーション：休日。
<small>きゅうじつ</small>
青山君はよくお兄さんといっしょに買い物に出かけます。
<small>あおやまくん　にい　か もの で</small>
青山君は、お兄さんのえいきょうでおしゃれに興味を持ちました。
<small>あおやまくん　にい　きょうみ も</small>
お兄さんがアドバイス。
<small>にい</small>
青山君、真剣に聞いていますね。
<small>あおやまくん　しんけん　き</small>

リポーター：なんかいいのありました？

青山：いいのあったけど、サイズがないっすね。

ナレーション：青山君は、安くていい物を見つけ、いろいろなコーディネートを楽しみます。

ちょっと見せてもらいましょう。

どれもおしゃれですね。

サングラスも似合います。

ナレーション：青山君は、ときどき、自分でも洋服を作ります。

青山：将来のゆめは、ファッションデザイナーになることです。

自分で作った服を着たいし、ほかの人にも着てもらいたいからです。

ナレーション：高校卒業後は、デザインの勉強のために、専門学校に通います。

青山：ジョン・ガリアーノみたいなきばつな服やセクシーな服を作るデザイナーに

なりたいです。

めざすは「パリコレ」です。

高校生

02 青山 研二

レベル：★☆☆

加瀬 真弓（18歳）　出身：東京都
かせ まゆみ　さい　　しゅっしん　とうきょうと

加瀬：加瀬真弓、18歳、高校3年生です。
かせ　かせまゆみ　さい　こうこう　ねんせい

ナレーション：加瀬さんは、毎朝5時半に起きます。
かせ　　まいあさ　じはん　お

そして、自分でおべんとうを作ります。
じぶん　　　　　　つく

加瀬：今日は、んーと、カジキのタンドリーチキン風と、からあげを作ります。
かせ　きょう　　　　　　　　　　　　　　　　　　　ふう　　　　　　　　つく

ナレーション：短い時間で、上手に作っていますね。
みじか　じかん　じょうず　つく

ときどき、友だちのおべんとうも作ります。
とも　　　　　　　　　つく

加瀬：友だちのおべんとうを作る時は、もうめちゃめちゃかわいさを重視します。
かせ　とも　　　　　　　　つく　とき　　　　　　　　　　　　　　　じゅうし

見せるんで。
み

それで、キャーって言われるのを期待して作るみたいな。
い　　　きたい　つく

ナレーション：おいしそうですね。

ナレーション：加瀬さんの高校は、英語の勉強に力を入れています。
かせ　　　こうこう　えいご　べんきょう　ちから　い

先生：そうですね、This is (a) house.
せんせい

えー、これはね、ちょっと考えてやらなくちゃいけない問題ですね。
かんが　　　　　　　　　　もんだい

　　ナレーション：女の子ばかりの 40 名のクラスです。

　　　　　　　　加瀬さんはいつもそのまとめ役です。

　　　　　加瀬：一番の思い出は、んーと高校 3 年生の時の文化祭で、えっとー、

　　　　　　　　私のクラスはダンスをやったんですけど、いろいろけんかとか、

　　　　　　　　ないたりわらったり、いろいろトラブルもあったんですけど、

　　　　　　　　けっか、すごくいいものができてゆうしょうできたことが

　　　　　　　　一番の思い出です。

　　　　　みんな：せーの、WE ARE チアーズ！

　　ナレーション：加瀬さんが一番大切にしているものは、これです。

　　　　　加瀬：これは「プリちょう」です。

　　　　　　　　と、みんなであそんだきねんにとったものをはって、アルバムみたいに

　　　　　　　　しています。

　　　　　　　　これはたとえばその日あったおもしろいこととか、その日生まれたことば

　　　　　　　　とかを書いて、そうですね、今日どこ行ったとか、いう感じで、えーと、

　　　　　　　　日記みたいにしてます。

　　ナレーション：3 月。もうすぐ春です。

　　　　　　　　そして、日本の高校では卒業のきせつです。

　　　　　　　　加瀬さんたちは、イベントを企画しました。

　　　　　　　　先生方に感謝の気持ちをつたえるためです。

　　　　　　　　先生との思い出を、スライドにして発表しました。

　　　　　加瀬：えー、先生たちとの楽しかった思い出が、えーと、よみがえったと思います。

　　　　　　　　それでは、ここで 3 年生全員で先生方に、「せーの」で

　　　　　　　　「ありがとうございました。」を言いたいと思います。

　　　　　　　　大丈夫ですか？　行きますよ。

　　　　　　　　大きな声で言ってください。行きます。

　　　　　　　　せーの！

　　　　　みんな：ありがとうございました。

高校生
03 加瀬 真弓

237

ナレーション：今日は、卒業式です。

この日、卒業アルバムをもらいます。

3年間の思い出がいっぱいつまっています。

友だち：これ、真弓ちゃん？

これ、じゃなくてね。

ちょー、きれい…

かわいい…

なに、…このさ、大きい…人でさ…。

加瀬：これは、友だちにメッセージを書いてます。

ナレーション：友だちのアルバムの最後のページに、それぞれ、メッセージを書きます。

ナレーション：加瀬さんは、高校卒業後、大学で国際政治の勉強をします。

加瀬：将来の目標は、ですね、んーと、NGOとかで人道支援の活動や、

そうですね、環境問題にたずさわっていきたいな、と思っています。

カメラマン：ほんとに最後の最後です。

行くよー。

はい、いち、にの、さん。

はい。

はい、OKです！

ナレーション：卒業おめでとうございます。

高校生

03
加瀬　真弓

レベル：★★☆

和田 ロイ（16歳）　出身：東京都
（わだ）　　（さい）　　（しゅっしん　とうきょうと）

和田：和田ロイです。
（わだ）（わだ）
　　　16歳の高校１年生です。
　　　（さい　こうこう　ねんせい）

ナレーション：ここは、和田君の学校。
　　　　　　　　　　　（わだくん　がっこう）
　　　　　　東京都内にあります。
　　　　　　（とうきょうとない）
　　　　　　和田君の学校は、工業高校です。
　　　　　　（わだくん　がっこう　こうぎょうこうこう）

和田：今日はガスようせつです。
（わだ）（きょう）
　　　鉄板と鉄板をつけるための作業です。
　　　（てっぱん　てっぱん）　　　　　（さぎょう）

ナレーション：授業では、工場のきかいをじっさいに使って、勉強することが
　　　　　　　（じゅぎょう）（こうじょう）　　　　　　（つか）　　（べんきょう）
　　　　　　できます。

和田：ま、将来、仕事に役に立つと思って、えらびました。
（わだ）　（しょうらい　しごと　やく　た　　おも）

ナレーション：ロイ君のへやです。
　　　　　　　　（くん）
　　　　　　さまざまな部品や、道具があります。
　　　　　　（ぶひん　　どうぐ）
　　　　　　ロイ君は、子どものころからものを作るのが大好きでした。
　　　　　　（くん　こ　　　　　　　　　　　つく　　だいす）
　　　　　　このステレオも、中古の部品を買って、自分で修理して、作りました。
　　　　　　　　　　　　　（ちゅうこ　ぶひん　か　　じぶん　しゅうり　　つく）

和田：まあ、お金があまりかからないので。
（わだ）　（かね）
　　　新品を買うと高いので、自分で直して使ってます。
　　　（しんぴん　か　　たか　　じぶん　なお　つか）

ナレーション：ロイ君が今、一番熱中しているのは、マウンテンバイクです。

この自転車も、部品をとりよせて、ぜんぶ自分で組み立てました。

和田：自転車に乗っているのは2歳ぐらいからで、こういうきょうぎを始めたの

が13歳ぐらい。

ナレーション：ロイ君はダウンヒルというきょうぎに出場します。

それで、週末には、よくコースで練習します。

和田：木と木の間が自転車1台分ぐらいで、こう、ぎりぎりでぬける瞬間とか、

スリルがあるところですかね。

ナレーション：最後に、ロイ君の将来のゆめを聞いてみましょう。

和田：えーと、自転車もつづけていって、また今、車に興味があるんで、

古い車を今風に作りなおしたりとか、まあ、ほんとにもうぼろぼろの車を

きれいにして、今でも走れる、みたいな感じの仕事をしたいです。

高校生

04

和田 ロイ

森田 友佳（15歳）　出身：神奈川県
もりた　ゆか　さい　　しゅっしん　　かながわけん

森田：はじめまして。
もりた

　　　私の名前は、森田友佳です。
　　　わたし　なまえ　　もりたゆか

　　　得意なことは、空手です。
　　　とくい　　　　　からて

ナレーション：森田さんは、神奈川県に住んでいます。
　　　　　　　　もりた　　　かながわけん　す

　　　　　　　高校1年生です。
　　　　　　　こうこう　ねんせい

ナレーション：ここは、空手の道場です。
　　　　　　　　　　　からて　どうじょう

　　　　　　　森田さんは、この道場に週1回通っています。
　　　　　　　もりた　　　　　どうじょう　しゅう　かいかよ

森田：ジアン！
もりた

　　　エイ！

森田：なんかこわいって言われますね。
もりた　　　　　　　　い

　　　にこにこしてる森田さんがおににへんぼうするって。
　　　　　　　　　　もりた

ナレーション：空手を始めたのはいつですか？
　　　　　　　　からて　はじ

森田：小学3年生の10月ごろからです。
もりた　しょうがく　ねんせい　がつ

　　　そのころとっても弱虫で、で、少しでも強くなりたいなあ、と思って、
　　　　　　　　　　よわむし　　　すこ　　　つよ　　　　　　おも

　　　空手をやり始めました。
　　　からて　　　はじ

先生：エイ！

みんな：エイ！

先生：ハイ！

みんな：エイ！……。

ナレーション：稽古が始まりました。

先生：はい。もう 10 回行こう。

ナレーション：森田さんは、一生懸命練習して、中学 2 年生の時に黒帯をとりました。

森田：…いいよー。

もうちょい、もうちょい！

ナレーション：今では、後輩のしどうもしています。

森田：反則になるよ。

森田：あの、さいしょは自分が強くなったりとか、大会に行って賞がとれたりとか、

そういうのが最優先で、ずっとがんばってきたんですけど、

黒帯になって、で、先輩にもうちょっと後輩たちのことを

よく見てあげるんだよって言われて、見始めたら、後輩たちが少しずつ

大きくなっていくすがたが見れて、今はそれが一番楽しいです。

ナレーション：森田さんの家です。

森田：いただきまーす！

妹：ね、聞いてくれる？

ナレーション：夕食は、いつも家族 4 人で食べます。

森田：調理実習で。で？　みんなにげたんでしょ？

妹：ん。

リポーター：おいしい？

森田：おいしい。

とうふとわかめと長ねぎのわ切りにしたやつが入ってます。

一番私の家でポピュラーな、定番（な）の みそ汁です。

ナレーション：森田さんが、今、とても興味を持っていることがあります。

森田：しかたないな。

　　　見せてあげるよ。

ナレーション：それは、写真です。

森田：**これが私のとった写真たちです。**

　　　自然が見せる一時一時のひょうじょうを、そのままとるのが

　　　好きなんですよ。

ナレーション：とてもきれいな写真ですね。

　　　森田さん、将来のゆめは何ですか？

森田：**フォトジャーナリストになることです。**

　　　発展途上国の国とか、今でもふんそうがつづいている国とか、

　　　そういうげんじょうを自分で見てとらえて、どう思うか、

　　　それをどう文章にして人に発信していけばいいのか、

　　　それを、旅をして考えたいと思っています。

高校生

05　森田　友佳

レベル：★★☆

田村 昂也 （18歳）　出身：東京都
たむら たかや　さい　　しゅっしん　とうきょうと

田村：こんにちは。
たむら

　　　田村昂也です。高校3年生です。
　　　たむらたかや　　　こうこう　ねんせい

　　　ぼくが好きなのは野球です。
　　　　　す　　　　　やきゅう

ナレーション：田村昂也君。
　　　　　　　たむらたかや くん

　　　　　　東京都に住んでいます。
　　　　　　とうきょうと　す

　　　　　　もうすぐ、高校を卒業します。
　　　　　　　　　　こうこう　そつぎょう

　　　　　　田村君の高校です。
　　　　　　たむらくん　こうこう

田村：礼。お願いします。
たむら　れい　ねが

　　　キャッチボール。

みんな：おう！

ナレーション：田村君は、高校生活を、野球に熱中してすごしました。
　　　　　　　たむらくん　こうこうせいかつ　やきゅう ねっちゅう

　　　　　　毎日、授業が終わってから、5時間近く練習をしました。
　　　　　　まいにち じゅぎょう お　　　　　じかんちか れんしゅう

　　　　　　田村君は、小学生の時に少年野球のチームに入って、野球を始めました。
　　　　　　たむらくん しょうがくせい とき しょうねんやきゅう　　　はい　　やきゅう はじ

田村：がらりと自分の世界がかわったって感じです。
たむら　　　じぶん せかい　　　　　　かん

　　　野球をやる前は、何事にもおくびょうっていうか、チャレンジせいしんが
　　　やきゅう　　まえ　なにごと

　　　なかったんですけど、野球をしてからは、できる友だちも活発な子が
　　　　　　　　　　　　　やきゅう　　　　　　　とも　　　かっぱつ こ

　　　多くなって、楽しくなりましたね。
　　　おお　　　　たの

部員：はい、オーケー！

田村：よっしゃ！

ナレーション：田村君は、野球部のキャプテンでした。

田村：いいねー。

ダッシュ４本目。

ナレーション：いつも大きな声を出して、みんなを引っぱってきました。

みんな：97、98、99、100！

田村：まじ、…ふっきん、つれー。

田村：モットーは「楽しむ」ですね。

チームのだれかがやる気がない時とかも、モチベーションを上げたりとか、

楽しんでやらないと、きんちょうしてきちゃって、

いいプレーが出ないんで。

ナレーション：田村君、何をしているんですか？

田村：野球ノートを書いていました。

ナレーション：田村君は３年間、毎日、この野球ノートを書きました。

チームのようすや練習で感じたことを書いて、チーム作りに役立てました。

田村：

心構え。

打つ時。

リラックス。全身の力をぬいて動いとく。

バッターボックスの後ろ（自分のいつものとこ）に立つ。

スランプにおちいった時とか、調子よかった時はどういうことを

意識してたんだろうとか見て、試合の前日とか、その試合の何時間前に

自分の意識してることをかくにんして、で、試合にのぞむようにしています。

高校生

06 田村 昂也

245

ナレーション：田村君には、１つの大きなゆめがありました。

田村：甲子園出場をめざしてました。

本当、あこがれですね。

あそこで野球をやりたい。

ただ自分はそれだけ思ってました。

ナレーション：「甲子園」。

高校野球の全国大会です。

4000校以上の高校がこの「甲子園」をめざします。

しかし３年生最後の夏、田村君のチームは地方予選で負けて、

「甲子園」には出場できませんでした。

田村：すごい、くやしかったです。最後の試合は。

３年間いっしょにつらい練習をしてきた友だちとかと、

もう、やることはないじゃないですか。

一番それがかなしかったですね。

ナレーション：最後に田村君に将来の目標を聞きました。

田村：将来は、やっぱスポーツドクターになりたいんですけど、自分がむかし、

けがでなやんでいて、その時思うように野球をできない時期があって、

自分のようにつらい思いをほかの人にしてもらいたくないので、

その、けがのよぼうであったり、どうすればけがをしにくくなるのかとか

を学びたいと思ってます。

高校生

06 田村　昂也

246

レベル：★★☆

千葉 美紀 （17歳）　出身：北海道
ちば みき　さい　　しゅっしん　ほっかいどう

千葉：千葉美紀、17歳、高校2年生。
ちば　ちばみき　さい　こうこう　ねんせい
　　　将来のゆめは「らくのう」をいとなむことです。
　　　しょうらい

ナレーション：北海道、札幌市。
　　　　　　　ほっかいどう　さっぽろし
　　　　　　この町の郊外に、千葉さんの高校があります。
　　　　　　　まち　こうがい　ちば　こうこう
　　　　　　千葉さんはこの高校でらくのうを学んでいます。
　　　　　　　ちば　こうこう　まな
　　　　　　朝5時20分から実習が始まります。
　　　　　　あさ　じ　ぷん　じっしゅう　はじ
　　　　　　北海道ではむかしかららくのうがさかんです。
　　　　　　ほっかいどう
　　　　　　牛から乳をしぼり、牛乳やチーズなどを作る仕事です。
　　　　　　うし　ちち　ぎゅうにゅう　つく　しごと
　　　　　　この高校の生徒の家もらくのうをやっている家が多いです。
　　　　　　こうこう　せいと　いえ　いえ　おお

千葉：あの、小さいころからお姉ちゃんについて牛舎に行ってて、あー、
ちば　ちい　ねえ　ぎゅうしゃ　い
　　　お母さんとお父さんがやってる事ってこういう事なんだって思って。
　　　かあ　とう　こと　こと　おも
　　　みんならくのうにたいする気持ちは熱いですから、
　　　きも　あつ
　　　自分も将来はこういう事をしたいと思いました。
　　　じぶん　しょうらい　こと　おも
　　　まわりからしてみれば、こわいとか、くさいとか、自分もさいしょ
　　　じぶん
　　　そうだったんですけど、牛とせっしてたら、なついてくる牛とかが
　　　うし　うし
　　　いるんですよ。
　　　なめたり、すってきたり。
　　　すごいかわいいなって思うんですよ。
　　　おも

千葉：自分、牛の耳のうしろ好きです。

ここ、好きです。

いやがるんですけど、ここ好きです。

さわった感じが好きです。

先生：4月すぐ二者面談しますので、最高学年にむけて…。

ナレーション：今は高校卒業後の進路について、先生と相談する時期です。

みんな真剣に自分の将来を考えています。

千葉：短大に進んでもっとらくのうの勉強をしてから、家に帰りたいっていう

気持ちもあるんですけど、お父さんお母さん、の、今、もう、けっこう

きついと思うんで、早く帰ってあげたいなって気持ちもあって、

すごくなやんでいます。

ナレーション：放課後、千葉さんは友だちといっしょに帰ります。

千葉：入ります。

どうぞ。

友だち：ここが注目注目。

ナレーション：千葉さんは、寮に住んでいます。

寮の先生。

この寮の生活を始めてから、もう2年がたちました。

友だち：…見て。

みんな：いただきます。

友だち：これ。

おいしい。

千葉：今日のこんだては「かつ丼」です。

おいしいです。

ナレーション：食器は自分たちであらいます。

千葉：毎日ごはん作ってもらってる食堂のおばさんです。

おばさん：どうも。

千葉：ああ、楽しいですね。

さいしょはさびしかったですけど、今はぜんぜんだいじょうぶです。

夜しゃべったりとか、ふつうはできないじゃないですか。

ナレーション：千葉さんのへやです。

千葉：ここが自分のスペースです。

で、同じへやの、後輩の加藤綾です。

なかよくくらしてます。

ナレーション：千葉さん、これからの目標は？

千葉：ここからが本当大事なんで、かんたんにきめたくないんで、

ちゃんと自分もくいののこらないように、

お母さんお父さんもなっとくいけるように、

進路を考えながら、将来のゆめをかなえていきたいと思います。

レベル：★★☆

奥田 洋之（17歳）　出身：大阪府
おく だ ひろゆき　さい　しゅっしん　おおさか ふ

奥田：奥田洋之、17歳、高校2年生です。
おく だ　おく だ ひろゆき　さい　こうこう　ねんせい
　　　大阪府に住んでいます。
　　　おおさか ふ　す

ナレーション：ここは大阪です。
　　　　　　　おおさか

奥田：行ってきまーす。
おく だ　い

ナレーション：奥田君は、大阪の郊外の町に住んでいます。
　　　　　　　おく だ くん　おおさか　こうがい　まち　す
　　　　　　　学校へは、毎日自転車で行きます。
　　　　　　　がっこう　まいにち じ てんしゃ　い
　　　　　　　20分かかります。
　　　　　　　　ぷん

　　　　　　　奥田君は、少林寺拳法部に入っています。
　　　　　　　おく だ くん　しょうりん じ けんぽう ぶ　はい
　　　　　　　毎日、放課後、3時間ぐらい練習します。
　　　　　　　まいにち　ほう か ご　じ かん　れんしゅう

奥田：あ、いけるよ。
おく だ

リポーター：練習きつい？
　　　　　　れんしゅう

奥田：あー、きついのには、みんななれたという感じで。
おく だ　かん

ナレーション：奥田君は、去年1年間、オーストラリアに留学していました。
　　　　　　　おく だ くん　きょねん　ねんかん　りゅうがく
　　　　　　　留学中も、現地の道場で練習をつづけて、子どもたちにも空手を教えて
　　　　　　　りゅうがくちゅう　げん ち　どうじょう　れんしゅう　こ　からて　おし
　　　　　　　いました。

リポーター：今、何してるんですか？

奥田：泉北祭の、あの、会場のせつえいをやっています。

ナレーション：この日は、拳法部の発表会です。

みんな楽しそうにじゅんびをしていますね。

でも、先生がみんなを集めました。

どうしたのでしょうか？

先生：なんかまだまだ、クラブの目的とか泉北祭の目的っていうのがわかって

いない人がいてる。発表のときだけやって、あと、だらだらしてても

そんなん意味ないねん。

じゅんびの時から、最後の後かたづけ終わるまで、いっしょうけんめい

やるよろこびを考えてほしい（。）ってことをゆってたはずやねん。

ナレーション：先生は、じゅんびからかたづけまで、ぜんぶ一生懸命やってほしいと

注意しました。

発表会が始まります。

会場は、家族や地域の人たちで満員です。

ナレーション：発表のあと、募金活動をします。

集めたお金は、海外の子どもたちに送ります。

たくさんの人が募金してくれました。

奥田：ありがとうございました！

ありがとうございました！

奥田：自分たちがそんな、世界に協力できるような機会がそんなにあると

思ってなかったので、自分たちの力で、そういう募金活動ができるのは

すごくよろこばしいことです。

ナレーション：今年は４万円以上の募金が集まりました。

高校生

08 奥田 洋之

251

ナレーション：奥田君、これからの目標は何ですか？

奥田：あーその、少林寺拳法の、この、教えの中に、その、

「半分は自分のことを、でもそのもう半分は他人の、まわりの人たちの

ことを考えなさい」っていうのがあるんですよ。

その、ほかの人のために何かができる仕事についたり、その、ほか、その

ほかの、まわりのことを、何かの役に立てることをしたいです。

神吉 万莉菜（15歳）　出身：千葉県
かん き まり な　　さい　　　　　　 ち ば けん

神吉：こんにちは。神吉万莉菜です。
かん き　　　　　　　　　　　　 かん き まり な

　　　15歳、高校1年生です。
　　　さい　 こうこう　 ねんせい

ナレーション：神吉さんの高校は、東京都内にあります。
　　　　　　　かん き　　 こうこう　　 とうきょう と ない

　　　　　　　放課後の部活動の時間。
　　　　　　　ほう か ご　 ぶ かつどう　 じ かん

　　　　　　　神吉さんは、1年生の時から創作ダンス部に入っています。
　　　　　　　かん き　　　　　 ねんせい　 とき　　 そうさく　　 ぶ はい

神吉：ダンス部の春発表っていって、こうえんがあるんですけど、それに行って、
かん き　　　 ぶ　　 はるはっぴょう　　　　　　　　　　　　　　　　　　　　　　　　 い

　　　すごいグオーンって、なんか何かきたんですよ。
　　　　　　　　　　　　　　　　　　 なん

　　　わかんないけど。

　　　こ、ことばではあらわせないけど、そういうしょうげきがあって、

　　　それでなんか、ああ、入りたいなっていうふうに思いました。
　　　　　　　　　　　　　 はい　　　　　　　　　　　　　　 おも

部員：せーの！
ぶ いん

ナレーション：今は、発表会のために、仲間といっしょに毎日練習しています。
　　　　　　　いま　 はっぴょうかい　　　　 なか ま　　　　　　　 まいにちれんしゅう

部員：3人が入ってきて、…で、…。
ぶ いん　 にん　 はい

神吉：あれ、やっぱ…か？
かん き

部員：…ぜんぜんだめなんだけど。
ぶ いん

ナレーション：神吉さんは、月曜日から金曜日まで、学校の寮に住んでいます。
　　　　　　　かん き　　　 げつよう び　　 きんよう び　　 がっこう りょう す

　　　　　　　そして週末、千葉県の家に帰ります。
　　　　　　　　　 しゅうまつ ち ば けん いえ かえ

　　　　　　　ここが神吉さんの家です。
　　　　　　　　　 かん き　　 いえ

　　　　　　　神吉さんは家に帰ると、お母さんとよく話をします。
　　　　　　　かん き　　 いえ かえ　　　 かあ　　　　　 はなし

お母さん：試験のてんすうも、いいのしかメールで送ってこない。

神吉：そうです。

お母さん：はい。悪いのは問いただす、と。うちに帰ってくると。

いいのだけ、送ってくる。

神吉：いいのだけね。

ナレーション：神吉さんにはダンス以外にも、熱心にやっていることがあります。

それは、子ども通信社「VOICE（ボイス）」の活動です。

小学生の時から参加しています。

子どもたちが集まって、社会問題について話し合ったり、じっさいにしゅざいしたりして記事を作ります。

その記事は、新聞や雑誌などにのることもあります。

神吉：ふだんの生活の中では、あまり知られていない「臓器移植」というテーマについて考えて、話し合い、ディベートをして、時間をかけて記事を作りました。

ものの見方がすごくかわりました。

新聞とかニュースとかを見たり聞いたりして、それに疑問を持ったり意見を持ったりするっていうことが一番の大きなかわったところです。

ナレーション：神吉さん、将来のゆめは何ですか？

神吉：えーと、自分が教わった事をほかの人につたえたい。そういう仕事をしたいです。あの、子ども通信社「VOICE（ボイス）」っていうのも、やっぱり、その、インタビューした相手の人から、その教えてもらったことを記事に書いて、みんなにつたえて、っていうふうにやっていて、やっぱり私の中ではそういう仕事がしたいなと思っています。

高校生

09 神吉 万莉菜

10

飯田 貴也（17歳）　出身：東京都
いいだ たかや さい しゅっしん とうきょうと

飯田：飯田貴也、高校2年生、17歳です。
いいだ　いいだたかや　こうこう　ねんせい　さい

東京都に住んでいます。
とうきょうと　す

ナレーション：飯田君は、サッカーが大好きなスポーツ少年。
いいだくん　しょうねん

小学生の時にサッカーを始め、今も、サッカーサークルに通っています。
しょうがくせい　とき　はじ　いま　かよ

でも、飯田君は、今、環境問題に一番興味を持っています。
いいだくん　いま　かんきょうもんだい　いちばんきょうみ　も

高校で仲間たちと、環境をまもる活動をしています。
こうこう　なかま　かんきょう　かつどう

たとえばリサイクルやゴミ拾いなど、身近なところから環境をよくする
ひろ　みぢか　かんきょう

ために、がんばっています。

飯田：ぼくが入った高校に、えーと、そういうふうな関心のある先輩が
いいだ　はい　こうこう　かんしん　せんぱい

集まっていて、やっぱり先輩のえいきょうとかが大きいですね。
あつ　せんぱい　おお

ナレーション：こちらは飯田君のへやです。
いいだくん

何をしているのでしょうか。
なに

飯田：2日後に、えーと、「高校生環境フォーラム」という環境にかんする
いいだ　ふつかご　こうこうせいかんきょう　かんきょう

イベントがあるので、と、それにかんする資料作りをしています。
しりょうづく

ナレーション：高校生環境フォーラムは、高校生によるイベントです。
こうこうせいかんきょう　こうこうせい

環境のテーマで、研究発表をしたり、話し合ったり、実験したりします。
かんきょう　けんきゅうはっぴょう　はな　あ　じっけん

このフォーラムは、飯田君にとって、とても大事なイベントです。
いいだくん　だいじ

今回、飯田君は、実行委員になりました。
こんかい　いいだくん　じっこういいん

飯田：ぼくさあ、分科会のほうの教室でやったときは、音声、パソコンからしか
　　　出なかったんだよ…。

ほかの委員：…こうするしかない。

飯田：環境に配慮した人が、車で来ることなんてないだろう。

ナレーション：環境フォーラムの当日です。
　　　　　　　飯田君たちは、会場のじゅんびをします。
　　　　　　　とてもいそがしそうですね。

飯田：これをこっちにずらして、これをこっちにずらして、ここ通路にする
　　　つもりだから…。
　　　この、一番手前、出たとこの教室が、

ほかの委員：あ、はい。

飯田：こっち、企業班の方の…。

ほかの委員：はい、はい。

司会：えー、本日は、

ナレーション：さあ、フォーラムが始まりました。

司会：たいへんおいそがしい中、…高校生環境フォーラムにおこしいただき、
　　　まことにありがとうございます。

飯田：この、＋2℃っていうこのボーダーラインをこえたら、ほんとうに人類
　　　やばいよっていう、このボーダーラインなんですね。

飯田：えーと、ペットボトル。ま、たとえばこれを回収させようと思ったら、ま、
　　　基本的に、じゃ、このペットボトルは、じゃ、何でできてるのか、とかを
　　　知る必要があると思うんですけど…。

飯田：ま、これをきっかけに、ま、ほかの学校の人でもいいですし、…たちと
　　　いっしょに、まあ、こう、やばいんだよっていうことを共通認識して、
　　　その輪を広げていっていただけたらなと思います。
　　　今日はありがとうございました。

ナレーション：フォーラムが終わりました。
　　　最後に、飯田君に将来の目標を聞いてみましょう。

飯田：環境問題っていうのは、やりたいというよりかはやらなければいけない、
　　　だれもがやらなければいけない問題だと思うんで、それを一人でも多くの
　　　人につたえたいし、自分も今後、勉強していきたいと思います。

高校生

10 飯田　貴也

257

文化項目リスト

ことば＝「ことばをふやそう」
使い方＝「いろいろな使い方」
世界＝「世界に広がる日本語」
高＝日本の高校生
映＝映像
イ(1)＝イラスト(1)
イ(2)＝イラスト(2)

アルファベット

IT さんぎょう(IT 産業)	21 課	見てみよう	映	秋葉原	秋葉原を紹介する

あ

あきはばら(秋葉原)	21 課	見てみよう	映	秋葉原	秋葉原を紹介する
アクセサリー(アクセサリー)	18 課	ことば	イ(1)	100 円ショップ	
あさのあいさつ(朝の挨拶)	17 課	見てみよう	映	教室	高校の授業の紹介
あそび(遊び)	18 課	やってみよう	映		ベーゴマで遊ぶ
あたたかい(暖かい)	24 課	ことば	イ(2)		
あつい(暑い)	24 課	ことば	イ(2)		
あつい(熱い)	24 課	ことば	イ(2)		
アナウンサー(アナウンサー)	19 課	ことば	イ(1)		
アニメキャラクター(アニメキャラクター)	21 課	見てみよう	映	秋葉原	秋葉原を紹介する
あめ(飴)	18 課	応用スキット	映	駄菓子屋	あめのくじを引く
アメリカ(アメリカ)	17 課	世界	映		
あらしやま(嵐山)	20 課	基本スキット	映	教室	修学旅行の相談をする
アルバイト(アルバイト)	19 課	基本スキット	映	クレープ店	咲がアルバイトをする
アルバイト(アルバイト)	19 課	応用スキット	映	弁当屋	健太がアルバイトをする
アルバイト(アルバイト)	19 課	見てみよう	映		高校生のアルバイト
あん(餡)	20 課	やってみよう	映		和菓子の作り方
アンカラ(アンカラ)	19 課	世界	映		トルコ
アンペールこうこう(アンペール高校)	22 課	世界	映	高校	フランス
いけばな(生け花)	25 課	世界	映	日本語国際センター	日本・日本文化の研修
いし(いしゃ(医師(医者))	19 課	ことば	イ(1)		
イスタンブール(イスタンブール)	18 課	世界	映		トルコ
いちご(いちご)	25 課	使い方	映	ビニールハウス	いちご狩りをして食べる
いぬ(犬)	17 課	使い方	映	公園	犬の散歩をする
いぬのさんぽ(犬の散歩)	17 課	使い方	映	公園	犬の散歩をする
いま(居間)	19 課	使い方	映	家	祖母が孫に花豆をすすめる
うおいちば(魚市場)	18 課	使い方	映	魚市場	魚を比べて買う
うし(牛)	高 ⑦		映	高校の牛舎	実習で牛の世話をする
うた(歌)	24 課	世界	映	教室	ロシア・日本語の授業
うめのはな(梅の花)	20 課	やってみよう	映		和菓子を作る
うんてんし(運転士)	19 課	ことば	イ(1)		
え(絵)	17 課	応用スキット	映	学校の美術室	美術の時間に似顔絵をかく
えいが(映画)	23 課	応用スキット	映	映画館	咲と母が行き、めぐみと薫に会う
えいがかん(映画館)	23 課	応用スキット	映	映画館	咲と母が行き、めぐみと薫に会う
えいご(英語)	17 課	見てみよう	映	教室	高校の授業の紹介
えきまえ(駅前)	19 課	使い方	映	駅前	遅れた理由を言う
えはがき(絵葉書)	25 課	ことば	イ(2)		
えんがわ(縁側)	17 課	使い方	映	家	孫が夏みかんを食べる
えんげいようひん(園芸用品)	18 課	ことば	イ(1)	100 円ショップ	
えんげき(演劇)	24 課	ことば	イ(1)	文化祭(学園祭)	
えんげきぶ(演劇部)	高 ①		映	学校	部活
おいしい(おいしい)	18 課	ことば	イ(2)		
おおきい(大きい)	18 課	ことば	イ(2)		
おおさか(大阪)	20 課	ことば	イ(1)		
おきなわ(沖縄)	20 課	ことば	イ(1)		
おじいさん(おじいさん)	17 課	使い方	映	家	孫が夏みかんを食べる
おじぎ(お辞儀)	25 課	やってみよう	映	学校	賞状のもらい方
おしゃれ(おしゃれ)	高 ②		映	公園・店・家	友だちや兄と話をする
おそい(遅い)	17 課	ことば	イ(2)		
おちゃ(お茶)	24 課	やってみよう	映	和室	茶道を体験する
おてまえ(お点前)	24 課	やってみよう	映	和室	茶道を体験する

見出し語	課	コーナー		場所	場面
おにぎり（おにぎり）	19課	世界	映	家	おにぎりを作る
おばあちゃん（おばあちゃん）	19課	使い方	映	家	祖母が孫に花豆をすすめる
おばけやしき（お化け屋敷）	23課	ことば	イ(1)	遊園地	
おべんとう（お弁当）	23課	見てみよう	映	公園	休日の公園
おべんとう（お弁当）	高	③	映	家	
おみやげ（お土産）	20課	見てみよう	映	京都	修学旅行
おもい（重い）	18課	ことば	イ(2)		
おもしろい（おもしろい）	17課	ことば	イ(2)		
おりがみ（折り紙）	24課	世界	映	家	ロシア
おんがくえんそう（音楽演奏）	23課	見てみよう	映	公園	休日の公園
か					
かいいんカード（会員カード）	21課	基本スキット	映	レンタルビデオショップ	ビデオを借りる
かいいんしょう（会員証）	21課	基本スキット	映	レンタルビデオショップ	ビデオを借りる
かいもの（買い物）	高	②	映	店	兄と買い物する
カイロ（カイロ）	23課	これは何	映	遊園地	
かがく（化学）	17課	ことば	イ(1)	学校	
がくえんさい（学園祭）	24課	見てみよう	映	学校	学校の行事
がくえんさい（学園祭）	24課	ことば	イ(1)	学校	
がくえんさい（学園祭）	25課	ことば	イ(1)	学校	
かしゅ（歌手）	19課	ことば	イ(1)		
ガソリンスタンド（ガソリンスタンド）	19課	見てみよう	映	ガソリンスタンド	高校生のアルバイト
がっきてん（楽器店）	24課	使い方	映	楽器店	ギターを見る
がっしょうコンクール（合唱コンクール）	25課	ことば	イ(1)	学校	
かつどん（かつ丼）	高	⑦	映	寮	夕食をほかの寮生と食べる
かていか（家庭科）	17課	見てみよう	映	学校の家庭科室	高校の授業の紹介
かていか（家庭科）	17課	ことば	イ(1)	学校	
かばん（かばん）	18課	見てみよう	映	学校	高校生のかばんの中
カフェ（カフェ）	19課	使い方	映	カフェ	友だちにケーキをすすめる
カラオケボックス（カラオケボックス）	21課	ことば	イ(1)		
からて（空手）	高	⑤	映	空手道場	
カリフォルニアまき（カリフォルニア巻き）	17課	世界	映	日本料理店	アメリカ・寿司を食べる
かるい（軽い）	18課	ことば	イ(2)		
かんきょうフォーラム（環境フォーラム）	高	⑩	映	会場	高校生によるイベント
かんけり（缶けり）	23課	使い方	映	公園	子どもが遊ぶ
かんごし（看護師）	19課	ことば	イ(1)		
かんたんな（簡単な）	17課	ことば	イ(2)		
かんぱい（乾杯）	19課	世界	映	家	日本語学校の先生の家で
かんばん（看板）	21課	ことば	イ(2)		
かんらんしゃ（観覧車）	23課	基本スキット	映	遊園地	エリン・咲・健太が遊ぶ
かんらんしゃ（観覧車）	23課	ことば	イ(1)		
ぎじゅつ（技術）	17課	ことば	イ(1)	学校	
ギター（ギター）	24課	使い方	映	楽器店	ギターを見る
きたない（汚い）	17課	ことば	イ(2)		
きっさてん（喫茶店）	19課	使い方	映	カフェ	友だちにケーキをすすめる
きっさてん（喫茶店）	24課	基本スキット	映	教室	エリンと咲が働く
きっさてん（喫茶店）	24課	ことば	イ(1)	文化祭（学園祭）	
きねんしゃしん（記念写真）	20課	見てみよう	映	京都	修学旅行
キャビンアテンダント（キャビンアテンダント）	19課	ことば	イ(1)		
きゅうぎたいかい（球技大会）	25課	ことば	イ(1)	学校	
きゅうきゅうしゃ（救急車）	22課	ことば	イ(1)		
きゅうじんこうこく（求人広告）	19課	ことば	イ(2)		
きゅうりょう（給料）	19課	見てみよう	映	ガソリンスタンド	高校生のアルバイト
きょうがししりょうかん（京菓子資料館）	20課	見てみよう	映	京都	修学旅行
きょうかしょ（教科書）	18課	見てみよう	映	学校	高校生のかばんの中
きょうし（せんせい）（教師（先生））	19課	ことば	イ(1)		
きょうじゅほうのじゅぎょう（教授法の授業）	25課	世界	映	日本語国際センター	日本・日本語教師の研修

ざっし(雑誌)	25課	使い方	映	家	母親が雑誌を整理する
さどう(茶道)	24課	やってみよう	映	和室	茶道を体験する
さどう(茶道)	25課	世界	映	日本語国際センター	日本・日本文化の研修
さどうぶ(茶道部)	24課	やってみよう	映	和室	茶道を体験する
さば(さば)	18課	使い方	映	魚市場	魚を比べて買う
さむい(寒い)	24課	ことば	イ(2)		
サンクトペテルブルグ (サンクトペテルブルグ)	24課	世界	映		ロシア
サンクトペテルブルグだい83がっこう (サンクトペテルブルグ第83学校)	24課	世界	映	学校	ロシア
サンディエゴ(サンディエゴ)	17課	世界	映		アメリカ
サンデギートこうこう(サンデギート高校)	17課	世界	映	高校	アメリカ
ジェットコースター(ジェットコースター)	17課	使い方	映	遊園地	ジェットコースターに乗る
ジェットコースター(ジェットコースター)	23課	基本スキット	映	遊園地	エリン・咲・健太が遊ぶ
ジェットコースター(ジェットコースター)	23課	ことば	イ(1)	遊園地	
じかんわり(時間割)	17課	ことば	イ(1)	学校	
じきゅう(時給)	19課	見てみよう	映	ガソリンスタンド	高校生のアルバイト
じしん(地震)	22課	見てみよう	映	防災館	防災訓練をする
しずかな(静かな)	24課	ことば	イ(2)		
じてんしゃつうがく(自転車通学)	高	⑧	映	通学路	
しゃしん(写真)	23課	やってみよう	映	店	プリントシールを作る
しゃしん(写真)	25課	応用スキット	映	家	エリンのさよならパーティーをする
しゃしん(写真)	高	⑤	映	部屋	
しゃしんたて(写真立て)	18課	基本スキット	映	100円ショップ	エリン・咲・めぐみが買い物をする
しゅうがくりょこう(修学旅行)	20課	基本スキット	映	教室	修学旅行の相談をする
しゅうがくりょこう(修学旅行)	20課	見てみよう	映	京都	修学旅行
しゅうがくりょこう(修学旅行)	25課	ことば	イ(1)		
しゅうぎょうしき(終業式)	24課	見てみよう	映	学校	学校の行事
じゅぎょう(授業)	17課	基本スキット	映	教室	数学の授業
じゅぎょう(授業)	17課	見てみよう	映	教室	高校の授業の紹介
じゅぎょう(授業)	17課	ことば	イ(1)	学校	
しょうかき(消火器)	22課	見てみよう	映	防災館	防災訓練をする
しょうかくんれん(消火訓練)	22課	見てみよう	映	防災館	防災訓練をする
しょうじょう(賞状)	25課	これは何	映	学校	
しょうじょう(賞状)	25課	やってみよう	映	学校	賞状のもらい方
しょうじょうじゅよ(賞状授与)	25課	これは何	映	学校	
じょうずな(上手な)	24課	ことば	イ(2)		
しょうぶ(勝負)	18課	やってみよう	映		ベーゴマで勝負する
しょうぼうし(消防士)	19課	ことば	イ(1)		
しょうぼうしゃ(消防車)	22課	ことば	イ(1)		
しょうぼうしょ(消防署)	22課	ことば	イ(1)		
しょうりんじけんぽう(少林寺拳法)	高	⑧	映	学校	部活
しょくいんしつ(職員室)	22課	基本スキット	映	職員室	エリンがコピーをするために入る
しょくじ(食事)	23課	使い方	映	レストラン	先輩が後輩を食事に誘う
しょっき(食器)	18課	基本スキット	映	100円ショップ	エリン・咲・めぐみが見る
しょっき(食器)	18課	ことば	イ(1)	100円ショップ	
しょどう(書道)	17課	見てみよう	映	教室	高校の授業の紹介
しんぶんきしゃ(新聞記者)	18課	世界	映	オフィス	トルコ
じんりきしゃ(人力車)	20課	使い方	映	京都	人力車に乗る
しんろ(進路)	高	⑦	映	学校	高校卒業後
すいぞくかん(水族館)	21課	ことば	イ(1)		
すうがく(数学)	17課	基本スキット	映	教室	数学の授業
すうがく(数学)	17課	ことば	イ(1)	学校	
スキーじょう(スキー場)	19課	見てみよう	映	スキー場	高校生のアルバイト
すきやき(すき焼き)	20課	見てみよう	映	京都の旅館	修学旅行
すし(寿司)	25課	応用スキット	映	家	エリンのさよならパーティーをする
すずしい(涼しい)	24課	ことば	イ(2)		
スタンプカード(スタンプカード)	21課	これは何	映	店	
すっぱい(酸っぱい)	17課	使い方	映	家	孫が夏みかんを食べる
スポーツドクター(スポーツドクター)	高	⑥	映		将来の夢

トルコ(トルコ)	19課	世界	映		
な					
ながい(長い)	18課	ことば	イ(2)		
なつみかん(夏みかん)	17課	使い方	映	家の縁側	孫が夏みかんを食べる
なら(奈良)	20課	ことば	イ(1)		
にぎやかな(にぎやかな)	24課	ことば	イ(2)		
にほん(日本)	25課	世界	映		
にほんごこくさいセンター (日本語国際センター)	25課	世界	映	日本語国際センター	日本
にほんごのおしえかた(日本語の教え方)	25課	世界	映	日本語国際センター	日本・日本語教師の研修
にほんごのじゅぎょう(日本語の授業)	17課	世界	映	教室	アメリカ
にほんごのじゅぎょう(日本語の授業)	19課	世界	映	教室	トルコ
にほんごのじゅぎょう(日本語の授業)	20課	世界	映	教室	中国
にほんごのじゅぎょう(日本語の授業)	22課	世界	映	教室	フランス
にほんごのじゅぎょう(日本語の授業)	24課	世界	映	教室	ロシア
にほんごのじゅく(日本語の塾)	20課	世界	映	教室	中国
にほんし(日本史)	17課	ことば	イ(1)	学校	
にほんちず(日本地図)	20課	ことば	イ(1)		
にほんのぶんがく(日本の文学)	23課	世界	映	ブックカフェ	ロシア
にほんぶんか(日本文化)	25課	世界	映	日本語国際センター	日本・日本文化の研修
にほんりょうりてん(日本料理店)	17課	世界	映	日本料理店	アメリカ・寿司などを食べる
ニュース(ニュース)	21課	世界	映	放送局	中国・日本語のラジオ番組
にんなじ(仁和寺)	20課	基本スキット	映	教室	修学旅行の相談をする
にんなじ(仁和寺)	20課	見てみよう	映	京都	修学旅行
ぬいぐるみ(ぬいぐるみ)	21課	やってみよう	映	ゲームセンター	ゲームをする
のうかのひと(農家の人)	25課	使い方	映	ビニールハウス	子どもがいちごのハウスに走る
ノート(ノート)	18課	見てみよう	映	学校	高校生のかばんの中
のみもの(飲み物)	18課	見てみよう	映	学校	高校生のかばんの中
は					
パーティー(パーティー)	19課	世界	映	家	日本語学校の先生の家で
パーティー(パーティー)	25課	応用スキット	映	家	エリンのさよならパーティーをする
ばいてん(売店)	20課	見てみよう	映	京都	修学旅行
バスケットボール(バスケットボール)	20課	世界	映	体育館	中国・昼休み
はつおんれんしゅう(発音練習)	21課	世界	映	車の中・放送局	中国・アナウンサーの練習
はっせいれんしゅう(発声練習)	21課	世界	映	放送局	中国・アナウンサーの練習
バッティングセンター (バッティングセンター)	21課	応用スキット	映	バッティングセンター	健太と薫が遊びに行く
バット(バット)	21課	応用スキット	映	バッティングセンター	健太がふる
はっぴょうかい(発表会)	22課	世界	映	高校	フランス・日本文化
はっぴょうかい(発表会)	高	⑧	映	学校	少林寺拳法部
パトカー(パトカー)	22課	ことば	イ(1)		
はなまめ(花豆)	19課	使い方	映	家	祖母が孫に花豆をすすめる
パフェ(パフェ)	24課	基本スキット	映	教室	エリンと咲の喫茶店メニュー
はやい(速い)	17課	ことば	イ(2)		
♪バラがさいた(バラがさいた)	24課	世界	映	教室	ロシア・日本語の授業
バレーボール(バレーボール)	17課	見てみよう	映	学校	高校の授業の紹介
バンド(バンド)	24課	応用スキット	映	教室	文化祭で薫がドラムを叩く
びじゅつ(美術)	17課	応用スキット	映	学校の美術室	美術の時間に似顔絵をかく
びじゅつ(美術)	17課	見てみよう	映	学校の美術室	高校の授業の紹介
びじゅつ(美術)	17課	ことば	イ(1)	学校	
びじゅつかん(美術館)	21課	ことば	イ(1)		
ビニールハウス(ビニールハウス)	25課	使い方	映	ビニールハウス	子どもがいちごのハウスに走る
ひのようじん(火の用心)	22課	やってみよう	映	町	夜回りをする
ひもの(干物)	23課	使い方	映	みやげもの店	みやげものを買う
ひゃくえんショップ(100円ショップ)	18課	基本スキット	映	100円ショップ	エリン・咲・めぐみが買い物をする
ひゃくえんショップ(100円ショップ)	18課	ことば	イ(1)		
ビューラー(ビューラー)	18課	見てみよう	映	学校	高校生のかばんの中
びょうき(病気)	22課	ことば	イ(1)		
ひょうしぎ(拍子木)	22課	やってみよう	映	町	夜回りをする
ひるやすみ(昼休み)	17課	ことば	イ(1)	学校	

マッサージ(マッサージ)	18課	使い方	映	マッサージ店	肩こりをなおす
マッサージてん(マッサージ店)	18課	使い方	映	マッサージ店	肩こりをなおす
まっちゃ(抹茶)	20課	使い方	映	京都	茶店で抹茶を飲む
まっちゃ(抹茶)	24課	やってみよう	映	和室	茶道を体験する
まんが(漫画)	24課	世界	映	家	ロシア
まんがか(漫画家)	19課	ことば	イ(1)		
まんがきっさ(まんが喫茶)	21課	使い方	映	まんが喫茶	規則をきく
みじかい(短い)	18課	ことば	イ(2)		
みそしる(みそ汁)	高	⑤	映	家	とうふ、わかめ、長ねぎ
みやげものてん(土産物店)	20課	応用スキット	映	土産物店	咲が財布を見ている
みやげものてん(土産物店)	20課	見てみよう	映	京都	修学旅行
みやげものてん(土産物店)	23課	使い方	映	土産物店	みやげものを買う
むずかしい(むずかしい)	17課	ことば	イ(2)		
めいしこうかん(名刺交換)	18課	世界	映	オフィス	トルコ
メロン(メロン)	19課	やってみよう	映	和室	風呂敷で包む
もぎてん(模擬店)	24課	基本スキット	映	学校	
もぎてん(模擬店)	24課	ことば	イ(1)	文化祭(学園祭)	
モスクワ(モスクワ)	23課	世界	映		ロシア
や					
やきそば(焼そば)	25課	使い方	映	サービスエリア	焼そばを買う
やきゅう(野球)	高	⑥	映	グラウンド	
やさいうり(野菜売り)	20課	使い方	映	京都	野菜売りの人から野菜を買う
やすい(安い)	18課	ことば	イ(2)		
ゆうえんち(遊園地)	17課	使い方	映	遊園地	ジェットコースターに乗る
ゆうえんち(遊園地)	21課	ことば	イ(1)		
ゆうえんち(遊園地)	23課	基本スキット	映	遊園地	エリン・咲・健太が遊ぶ
ゆうえんち(遊園地)	23課	ことば	イ(1)		
ゆうしょく(夕食)	高	⑤	映	家	家族4人で食べる
ゆうせんせき(優先席)	22課	ことば	イ(2)		
よまわり(夜回り)	22課	やってみよう	映	町	夜回りをする
よよぎこうえん(代々木公園)	23課	見てみよう	映	代々木	休日の公園
ら					
らくがき(落書き)	23課	やってみよう	映	店	プリントシールを作る
らくのう(酪農)	高	⑦	映	牧場	
ラジオばんぐみ(ラジオ番組)	21課	世界	映	放送局	中国・日本語のスポーツ番組
リフト(リフト)	19課	見てみよう	映	スキー場	高校生のアルバイト
りょう(寮)	高	⑦	映	寮	
りょう(漁)	19課	使い方	映	漁港	漁について話す
りょうり(料理)	17課	見てみよう	映	学校の家庭科室	高校の授業の紹介
りょうりきょうしつ(料理教室)	24課	使い方	映	料理教室	料理を作る
りょこう(旅行)	20課	基本スキット	映	教室	修学旅行の相談をする
りょこうパンフレット(旅行パンフレット)	20課	ことば	イ(2)		
リヨン(リヨン)	22課	世界	映		フランス
レーサー(レーサー)	19課	ことば	イ(1)		
レストラン(レストラン)	23課	ことば	イ(1)	遊園地	
レンタルビデオ(レンタルビデオ)	21課	基本スキット	映	レンタルビデオショップ	ビデオを借りる
ロシア(ロシア)	23課	世界	映		
ロシア(ロシア)	24課	世界	映		
わ					
わがし(和菓子)	20課	やってみよう	映	和菓子の作り方	
わがし(和菓子)	20課	見てみよう	映	京都	修学旅行
ワックス(ワックス)	18課	見てみよう	映	学校	高校生のかばんの中

執筆者

篠島史恵（やなしま　ふみえ）国際交流基金 日本語国際センター専任講師

久保田美子（くぼた　よしこ）国際交流基金 日本語国際センター専任講師

磯村一弘（いそむら　かずひろ）国際交流基金 日本語国際センター専任講師

◆映像教材プロジェクトチーム

国際交流基金 日本語国際センター専任講師

木谷直之／坪山由美子／中村雅子／向井園子／横山紀子

執筆協力

八木敦子（政策研究大学院大学非常勤講師）

作画（基本スキット）

柳リカ

イラスト

岡﨑久美

翻訳（基本スキット・応用スキット）

北野マグダ／ Kazue Imasato ／文珍瑛／顧蘭亭

校閲（基本スキット・応用スキット）

五十嵐純子／ Tom Conrad

Mayumi Edna Iko Yoshikawa（国際交流基金 サンパウロ日本文化センター専任講師主任）

Cristina Maki Endo（国際交流基金 サンパウロ日本文化センター専任講師）

Alexandre Augusto Varone de Morais（国際交流基金 サンパウロ日本文化センター非常勤講師）

金孝卿（国際交流基金 日本語国際センター専任講師）

高偉建（国際交流基金 日本語国際センター専任講師）

制作協力

株式会社ＮＨＫエデュケーショナル／ディレクションズ

テキスト編集協力

株式会社日本放送出版協会

DVD で学ぶ日本語　エリンが挑戦！ にほんごできます。vol.3

2007 年 10 月 10 日　初版第 1 刷発行

定　価　2,400 円＋税

著　者　国際交流基金

発　行　株式会社　凡人社

〒 102-0093　東京都千代田区平河町 1-3-13

菱進平河町ビル 1 Ｆ

電話　03-3263-3959

造本には充分注意しておりますが、落丁・乱丁などがございましたら、小社にてお取替えいたします。また、ご意見・ご感想など、小社までお寄せくだされば幸いです。